FortiGate
Guía de resolución de problemas

Hubert Wiśniewski

Título original:
FortiGate - Troubleshooting Guide Quick Reference

Traducción: Efren Teruel Dominguez

Sobre el autor

Hubert Z. Wisniewski es un *Principal Network Engineer* en AT&T. Lleva trabajando en el sector de las telecomunicaciones por más de 20 años, 10 de los últimos especializándose en redes y seguridad. Tiene las siguientes certificaciones: *Fortinet NSE4 NSE5 NSE7, CCNP R&S Sec, CCDP, CompTIA Network+ Security+*. Hubert, como Instructor Oficial *Fortinet*, imparte cursos oficiales. También ha desarrollado un *Fortigate Bootcamp*. Hubert es miembro del *Cisco Security Exam Advisory Group*.

Sobre los revisores técnicos (en orden alfabético)

Eduard Dulharu hace más de 6 años que desarrolla su labor como Arquitecto de Redes Sénior en AT&T. Tiene en total más de 10 años de experiencia en diseñar, resolver incidencias e implementar redes de gran tamaño con diferentes compañías y clientes.

Efren Teruel Dominguez trabaja como Ingeniero de Redes Sénior en AT&T, habiendo estado presente en todaslas fases de implementación de las redes, desde *deployment*, desarrollo o *troubleshooting*. En el pasado trabajó en Amazon, con base en Dublín y posteriormente en Seattle, enfocado más en labores de automatización. Es miembro del *Cisco Service Provider Advisory Group* como *SME*.

Giovanni Pagano Dritto trabaja como consultor de redes y programador. Lleva en la industria de IT más de 10 años y tiene una gran experiencia en multitud de distintas tecnologías y compañías. Es también programador en Python con trabajos que abarcan distintos sectores en el campo de las telecomunicaciones.

Lucian Lisov es un Ingeiero de Redes Senior en AT&T, con más de 10 años de experiencia. Especializado en infraestructuras de Data Centre a nivel *Enterprise*, dedica la mayoría de su tiempo a la nube (privada y pública) y a la automatización.

Advertencia, exención de responsabilidad, copyright, marca registrada, reconocimientos y errata

La información que se encuentra en este libro se ofrece como una guía de referencia que puede ayudar al lector en su día a día trabajando con equipos Fortigate, y como tal, debe ser considerado. El autor rechaza cualquier responsabilidad motivado por error u omisión, incluyendo sin límite los daños que puedan ser resultados por el uso de este libro.

Las opiniones expresadas en este libro pertenecen al autor y no son necesariamente las mismas que las de Fortinet.

Errata: http://myitmicroblog.blogspot.com/2020/04/errata.html

Nota del traductor

Como bien es sabido por toda la gente que nos dedicamos al sector de las
telecomunicaciones, la mayoría de la documentación, comandos, bibliografía y demás,
están siempre en inglés. La traducción de un libro técnico como este se puede hacer algo
complejo, y, para que tenga sentido en español, hay que huir de la traducción literal
(¡prometo no haber traducido ningún remove a remover!). Dicho esto, he decidico hacer
uso de algunos (muchos..) vocablos en inglés, siempre haciendo referencia a su traducción
en español en su primer uso. Siguiendo los consejos (designios) de la RAE, he puesto en
cursiva los anglicismos. Nombres propios, como el de los protocolos, aparecen en
mayúsculas. Hemos dedicado bastante tiempo a la elaboración, revisión y, después,
traducción de este libro. Espero que os facilite vuestro día a día y os haga vuestra labor
más sencilla (y amena).

Efren Teruel Dominguez

Sobre el libro

FortiGate – Guía de resolución de problemas presenta técnicas y métodos sencillos sobre la resolución de fallos en plataformas FortiGate. En el libro intento hacer uso de distintos ejemplos de comandos *debug* que sirven para explicar cómo leer y entender toda la información que nos pueda ofrecer. El objetivo de este libro no es enseñar o explicar cómo funciona en sí el dispositivo. No se explican ejemplos de configuración o diseño ya que se dan por entendido que son conocidos por el lector. Si no te sientes seguro sobre cómo actuar ante una incidencia, entonces, este libro es para ti.

Contenido

1   Prefacio 15

2   Traffic flow 18

  2.1   Sesión de diagnóstico 18

  2.2   Reverse Path Forwarding 33

  2.3   Firewall Policy NAT 34

    2.3.1   Source NAT 34

    2.3.2   NAT Destino 39

    2.3.3   Errores de configuración NAT 42

  2.4   Central NAT 44

    2.4.1   NAT Origen 45

    2.4.2   NAT Destino 46

  2.5   Policy Lookup 48

3   Traffic Inspection 50

  3.1   Inspection mode 50

  3.2   Web Filtering 55

  3.3   Antivirus 59

    3.3.1   Flow-based inspection mode 59

    3.3.2   Proxy-based inspection mode 61

  3.4   IPS 62

4   VPN 66

  4.1   IPsec 66

    4.1.1   Ejemplo #1 66

    4.1.2   Ejemplo #2 – pre-share secret mismatch 78

    4.1.3   Ejemplo #3 – phase1 mismatch settings (authentication, encryption) 79

    4.1.4   Ejemplo #4 – phase2 mismatch settings (selectors) 83

4.1.5   Ejemplo #5 – mismatch IKE mode (aggressive vs main mode) 86

4.1.6   Ejemplo 6 – mismatch IKE versions (IKEv1 vs IKEv2) 89

4.2   SSL-VPN 90

4.2.1   Ejemplo #1 – web-based mode 91

4.2.2   Ejemplo #2 – tunnel-based mode 92

4.2.3   Ejemplo #3 – usuario inválido 94

4.2.4   Ejemplo #4 – usuario no permitido para el modo web 95

4.2.5   Ejemplo #5 – usuario no permitido en el modo túnel 95

5   Enrutamiento 97

5.1   Estático 97

5.1.1   Policy Base Routing 101

5.1.2   Link Health Monitor 103

5.2   OSPF 105

5.3   BGP 121

6   Alta Disponibilidad 132

6.1   FortiGate Clustering Protocol (FGCP) 132

6.2   Virtual Router Routing Protocol (VRRP) 136

7   Balanceador de carga 140

8   Admin access 146

8.1   Local-in Policy 146

8.2   Trusted Source 148

8.3   HTTPS access vs SSL-VPN 148

9   Hardware (CPU, memory, disk, flash) 149

9.1   Hardware status 149

9.2   Network Interface Card 150

9.3   Network Processor 154

9.4   Transceiver 157

9.5   System performance 158

9.6   Sys top 160

9.7   Flash and disk 162

10   Otros – sin categoría.. 164

10.1   ARP 164

10.2   LAG 165

10.3   Configuration Management Database (CMDB) 168

10.4   Grep.. 168

10.5   Crashlog.. 170

10.6   TAC 170

11   Índice 172

1 Prefacio

La resolución de fallas o *troubleshooting* es un elemento clave junto con el diseño de redes e implementación y una de las habilidades más solicitadas hoy en la industria IT. Una de las principales diferencias es el tiempo que lleva completar una tarea en cada uno de estos trabajos. No podemos comparar lo que nos llevaría diseñar una red entera con intentar solucionar una incidencia. Además, en este último, siempre trabajamos con presión, ya que, al ser un problema, todo el mundo quiere saber el porqué del fallo y, sobre todo, como resolverlo **ya**. En mis más de 20 años de experiencia, he participado en cientos de llamadas de *tickets* que afectaban a uno u otro servicio, y he aprendido los siguientes 'principios' que debes saber antes de empezar:

- Cuál es el problema
- Entender el diseño o el diagrama sobre la red
- Tener un entendimiento mínimo sobre los protocolos/aplicación
- Disponer de un enfoque bien estructurado sobre la resolución de fallas
- Conocimientos de los comandos necesarios

El primer punto puede parecer ciertamente obvio, pero creedme que, tras 10 horas en una llamada donde cada uno tiene una visión o punto de vista bastante parcelado sobre el problema, a veces se puede convertir en algo muy abstracto, con demasiadas ramificaciones y al final te puedes perder con toda esa información. Mi consejo es, no tengas miedo a preguntar, aunque con ello pueda parecerte que no dominas la materia o la situación. Es mucho peor, tras varias horas de llamada, que no sepas de qué va el problema. Las redes hoy día pueden ser muy complejas, se mezclan diversos elementos como virtualización, VRFs, contextos, etc. Y las aplicaciones también pueden serlo. Hay que tener en cuenta que nosotros, como Ingenieros de Redes o Seguridad, no somos especialistas en sistemas, o aplicaciones o base de datos. ¡Ciertamente no se puede saber de todo! Debemos saber racionalizar la información que nos dan y conocer los síntomas, que se puedan extrapolar en algo tan sencillo como: no hay acceso entre este origen y el destino", con lo que ello conlleva, direcciones IPs, puertos o aplicaciones que se usan, etc.

El Segundo punto de la lista trata sobre el diseño de redes. Con esto me refiero sobre todo a entender todos los componentes que puedan estar involucrados, esto es, que sean relevantes al flujo de información o *traffic Flow*, tipo *VRFs*, *VLAN*, los citados contextos, tablas de enrutamiento, etc. Lamentablemente, a veces no tenemos el privilegio de conocer toda esa información antes de que surja cualquier incidencia. Puede pasar que a veces nos tengamos que meter en una llamada para resolver un problema en un entorno que nos sea completamente desconocido. No pasa nada, simplemente necesitaremos algo más de tiempo para entenderlo.

Los primeros dos elementos de la lista los podemos aprender antes o durante la llamada. Evidentemente, es lógico que dediquemos tiempo al principio para recabar toda la información posible.

Sobre los otros tres puntos, los necesitaremos conocer o manejar antes de que el problema surja. Una vez conozcas toda la información mínima, como Ips, protocolos, etc., podremos empezar cuanto antes a realizar una investigación para intentar determinar dónde está la falla. Es necesario disponer de un conocimiento mínimo para no divagar demasiado entre uno u otro apartado. Si no entendemos con lo que estamos trabajando, vamos a acabar saltando de un elemento a otro, perdiendo tiempo y la paciencia de los clientes. Una vez tengamos la experiencia suficiente, todo será más sencillo, hasta a veces resultará obvio el método a utilizar. Por ejemplo, si entendemos las fases de *IPsec* y sus variaciones (fase 1, agresivo contra modo *main*), tiene sentido que verifiquemos la fase 1 como primera opción. Si esta falla, no se puede establecer la negociación IPsec SAs. Si la conexión de internet falla cada varios minutos, haciendo que la interfaz tunnel VPN caiga, no tiene mucho sentido que revisemos primero la aplicación, que corre sobre dicha VPN. Si algo no funciona, verifica que la tecnología subyacente está bien: conexión a internet -> VPN fase 1 -> VPN fase 2 -> Conectividad entre los equipos, etc.

Hay varios métodos de *troubleshooting* que puedes seguir (de abajo a arriba -*down level up*-, de arriba abajo –*up level down*-, sigue al *path* –*follow the path*-, etc.), pero, personalmente, prefiero elegir cuál de ellos tomar una vez tenga toda la información sobre el incidente en el que trabajo.

El último punto (Conocimientos de los comandos necesarios) se basa en saber los comandos y distintas herramientas de las que disponemos para realizar el *troubleshooting*. Si no estamos familiarizados con la plataforma, puede ser que pasemos más tiempo intentando averiguar cómo podemos acceder a información relevante que nos puedan pedir en la llamada, más que en resolver la incidencia en la que nos encontremos. Evidentemente, esto no es aceptable. Uno no puede memorizar todos los comandos, sobre todo si trabajamos con diferentes plataformas, pero sí es útil tenerlos a mano. Los conocidos *cheat list* son un buen ejemplo para tener la información a nuestra disponibilidad de manera esquemática. Hoy día, con la cantidad de sistemas, con una sintaxis diferente cada uno, ya ni intento recordar todos los comandos. Es por esto precisamente que me decidí a escribir este libro para ayudarte con esto. Espero que encuentres la información que he recapitulado y escrito en este libro útil durante tus sesiones de *troubleshooting*. ¡Buena Suerte!

2 Traffic flow

Traffic flow hace referencia al flujo de información o de comunicación entre dos equipos. El problema más común con el que nos vamos a enfrentar es la falta de conectividad entre dos equipos o *hosts*. La mayoría de las veces oiremos a nuestro cliente decir "la aplicación ha dejado de funcionar" o "ya no hay acceso a..". A veces, si no ha habido ningún cambio reciente, puede ser debido al fallo de un enlace o un nodo (relacionado con la capa 1 de OSI). Puede que un equipo, como el Firewall, este bloqueando ese tráfico de manera intencionada. De una manera u otra tenemos que averiguar por qué está sucediendo. Con la plataforma *Forgitate* podemos hacer uso de multitud de herramientas que nos pueden ayudar durante la investigación. Durante los siguientes episodios os mostraré cómo y cuándo usarlas.

2.1 Sesión de diagnóstico

Antes de empezar a meternos en el *troubleshooting*, vamos a echarle un vistazo a cómo verificar si el tráfico simplemente está permitido o denegado. Existen un par de métodos:

a) Verificar la tabla de sesiones –vista simplificada:

Ejemplo 2.1

```
forti (test) # get system session list
PROTO    EXPIRE  SOURCE                 SOURCE-NAT   DESTINATION            DESTINATION-NAT
tcp      3559    10.0.48.139:55506 -                 192.168.40.20:27017 -
udp      132     172.16.52.11:36094 -                172.16.161.22:53 -
tcp      4       192.168.134.152:60655 -             10.2.3.45:135 -
udp      118     192.168.134.87:52408 -              10.2.3.20:53  -
tcp      9       172.16.105.252:3178 -               192.168.2.188:443 -
```

En la figura 2.1 podemos comprobar que, efectivamente, el tráfico está permitido. Vamos a analizar más en detenimiento la información que nos ofrece el comando:

- PROTO es el protocolo, y en dicho ejemplo podemos ver sesiones TCP y UDP.
- EXPIRE, es un temporizador TTL de cuenta atrás (*TTL session timer*). Su valor por defecto para TCP es 3600 segundos.
- SOURCE – En la tercera columna, es la IP y el puerto origen.
- SOURCE-NAT – Al no haber ningún valor en esta columna, significa que no hay source NAT configurado.
- DESTINATION – En la quinta columna, IP y puerto destino.
- DESTINATION-NAT – Tampoco hay NAT para el destino.

Más adelante explicaré *Source y Destination NAT*

En producción, la lista con las sesiones puede ser muy larga. No existe un subcomando para poder filtrarlo (*built-in*), pero grep nos valdrá para dicho propósito:

Ejemplo 2.2

```
forti (test) # get system session list | grep tcp
```

b) Verificar la tabla de sesiones – vista detallada

Existe una versión del comando *session list* con más opciones. En este caso he señalado los más importantes en el ejemplo de abajo.

Ejemplo 2.3

```
forti (test) # diagnose sys session list


session info: proto=6 proto_state=05 duration=2 expire=0 timeout=3600 flags=00000000
sockflag=00000000 sockport=0 av_idx=0 use=5

origin-shaper=
```

```
reply-shaper=

per_ip_shaper=

ha_id=0 policy_dir=0 tunnel=/ vlan_cos=0/255

state=log may_dirty npu synced f00

statistic(bytes/packets/allow_err): org=1269/16/1 reply=29870/25/1 tuples=2

tx speed(Bps/kbps): 628/5 rx speed(Bps/kbps): 14787/118

orgin->sink: org pre->post, reply pre->post dev=61->101/101->61 gwy=10.24.2.17/10.11.2.10

hook=pre dir=org act=noop 10.54.3.16:35563->10.8.1.141:80(0.0.0.0:0)

hook=post dir=reply act=noop 10.8.1.141:80->10.54.3.16:35563(0.0.0.0:0)

pos/(before,after) 0/(0,0), 0/(0,0)

misc=0 policy_id=211 auth_info=0 chk_client_info=0 vd=1

serial=0c034224 tos=ff/ff app_list=0 app=0 url_cat=0

dd_type=0 dd_mode=0

npu_state=0x000c00

npu info: flag=0x00/0x00, offload=0/0, ips_offload=0/0, epid=147/146, ipid=146/147,
vlan=0x0036/0x0da2

vlifid=146/147, vtag_in=0x0036/0x0da2 in_npu=1/1, out_npu=1/1, fwd_en=0/0, qid=0/0

no_ofld_reason:

ofld_fail_reason(kernel, drv): not-established/not-established, none(0)/none(0)

npu_state_err=04/04
```

Como podemos comprobar, la información es quizá demasiado detallada para lo que nos pueda interesar. Fijémonos en lo más relevante:

- proto –
  - TCP = 6
  - UDP = 17
- proto_state –
  - El primer dígito:
    - 0 – flow-based inspection
    - 1 – proxy-based inspection
  - El Segundo dígito (*flags*):

- 1 – established
- 2 – syn sent
- 3 – syn + syn/ack sent
- 4 - fin wait
- 5 – time wait
- 6 – close
- 7 – close wait
- 8 – last ACK
- 9 - listen

- estado –
    - log – sesión *logueada*
    - local – conexión de o hacia el Fortigate
    - may _dirty – evaluación inicial de la sesión
    - npu – se puede descargar/offload a un NPU ASIC
    - npd – la sesión no se puede descargar a un NPU ASIC
    - synced – la información de la sesión está sincronizada con un miembro de un clúster HA (Alta disponibilidad)
- gwy –
    - primera IP – IP *gateway* del primer paquete
    - segunda IP – IP *gateway* del paquete respuesta
- dir – dirección: origen y respuesta más la Ip por cada *flow*—No hay NAT (0.0.0.0:0)
- policy_id – la regla / *policy* del firewall que acepta el tráfico

Aquí sí dispondremos de argumentos para poder filtrar las distintas sesiones. Nos podemos encontrar con las distintas opciones:

Ejemplo 2.4

```
forti (test) # diagnose sys session filter ?
vd               Index of virtual domain. -1 matches all.
sintf            Source interface.
dintf            Destination interface.
```

```
src                Source IP address.

nsrc               NAT'd source ip address

dst                Destination IP address.

proto              Protocol number.

sport              Source port.

nport              NAT'd source port

dport              Destination port.

policy             Policy ID.

expire             expire

duration           duration

proto-state        Protocol state.

session-state1     Session state1.

session-state2     Session state2.

ext-src            Add a source address to the extended match list.

ext-dst            Add a destination address to the extended match list.

ext-src-negate     Add a source address to the negated extended match list.

ext-dst-negate     Add a destination address to the negated extended match list.

clear              Clear session filter.

negate             Inverse filter.


forti (test) #
```

Cuando la sesión que nos interesa no está en la lista, podemos comprobar los paquetes que estén llegando a la interfaz. Existen dos comandos disponibles. El primero, *packet capture*, muestra los paquetes de entrada y salida (*ingress* y *egress*). Esta es la mejor manera de observar la ausencia de respuesta desde el servidor (no hay *SYN/ACK*). Si así sucede, no se muestra en la tabla de sesión ya que precisamente no hay sesión establecida (recordemos que estamos haciendo referencia al 3 *WAY handshake* de TCP). Hay que tener en cuenta que el paquete de entrada debe estar permitido por las reglas del firewall.

c) Realizar la captura de paquetes

Ejemplo 2.5

```
forti (test) # diagnose sniffer packet any 'host 10.16.2.16' 4 10 a

interfaces=[any]

filters=[host 10.16.2.16]

2019-10-15 18:24:44.957356 vlan5 in 10.16.2.16.36558 -> 172.16.4.12.80: syn 2099736475

2019-10-15 18:24:44.957373 vlan3 out 10.16.2.16.36558 -> 172.16.4.12.80: syn 2099736475

2019-10-15 18:24:44.957374 port4 out 10.16.2.16.36558 -> 172.16.4.12.80: syn 2099736475

2019-10-15 18:24:44.957509 vlan3 in 172.16.4.12.80 -> 10.16.2.16.36558: syn 1002812911 ack
2099736476

2019-10-15 18:24:44.957522 vlan5 out 172.16.4.12.80 -> 10.16.2.16.36558: syn 1002812911 ack
2099736476

2019-10-15 18:24:44.957523 port3 out 172.16.4.12.80 -> 10.16.2.16.36558: syn 1002812911 ack
2099736476

2019-10-15 18:24:44.957849 vlan5 in 10.16.2.16.36558 -> 172.16.4.12.80: ack 1002812912

2019-10-15 18:24:44.957857 vlan3 out 10.16.2.16.36558 -> 172.16.4.12.80: ack 1002812912

2019-10-15 18:24:44.957858 port4 out 10.16.2.16.36558 -> 172.16.4.12.80: ack 1002812912
```

El comando *diagnose sniffer packet* tiene distintos parámetros:

-*interface*. Podemos especificar una interfaz VLAN o una física, o hacer uso del *any* para cualquier puerto.

-*Filter*. En el anterior ejemplo se ha usado un filtrado para una IP en particular, pero se pueden usar expresiones más avanzadas, como por ej: 'tcp and port 443 and host 1.2.3.4 and (4.4.4.1 or 8.8.8.8)', 'src net 10.1.10.0/24'

-*verbose*. Dependiendo del nivel de detalle (o *verbosity*), se mostrará en pantalla una información u otra. Durante el desarrollo del curso veremos algunos de ellos. En el ejemplo, hemos usado el *level* 4:

- o 1: Imprimir (o mostrar en pantalla) la cabecera de los paquetes
- o 2: Imprimir cabecera y datos de los paquetes IPs

- o 3: Imprimir cabecera y datos de los paquetes Ethernet (si están disponible)
- o 4: Imprimir la cabecera de los paquetes junto con el nombre de la interfaz
- o 5: Imprimir la cabecera y datos de los paquetes IPs junto con el nombre de la interfaz
- o 6: Imprimir la cabecera y datos de los paquetes Ethernet (si hay) junto con el nombre de la interfaz
- *count* – De manera opcional, podemos especificar el número de paquetes que queremos capturar
- timestamp – También opcional, muestra el tiempo/hora de la captura de distintas maneras. Podemos definir como: *a -absolute UTC, i- Local*, o, si no especificamos, ensenara el tiempo transcurrido desde el inicio de la captura

Hay que tener en cuenta que cuando no especificamos ninguna interface ('any'), podremos ver el paquete más de una vez, dependiendo del flujo del tráfico y de la configuración de la interfaz. En el ejemplo que estamos estudiando, el paquete SYN se ve tres veces:

- *vlan5 in*
- *vlan3 out*
- *port4 out*

Esto también nos puede valer para entender mejor qué *path* o ruta está tomando dicho paquete: llega por la interface VLAN5 y, después, una vez permitido por el FW, se envía de salida por la vlan 3. Con respecto al *port4*, al ser la VLAN 3 una sub-interfaz de ésta, también se muestra en pantalla. No vemos tráfico entrante en la interface física.

El segundo paquete SYN/ACK es la respuesta:

- *vlan3 in*
- *vlan5 out*
- *port3 out*

El paquete aparece otra vez tres veces, porque la vlan5 es una sub-interfaz del puerto 3.

No debemos especificar una interfaz física como filtro cuando usamos las *VLANs* ya que interfaces sin IPs no pueden ser usadas. En el siguiente ejemplo podemos ver el error que daría:

Ejemplo 2.6

```
forti (test) # diagnose sniffer packet port3 'host 10.16.2.16' 4 10 a

interfaces=[port3]

filters=[host 10.16.2.16]

pcap_lookupnet: port3: no IPv4 address assigned
```

En el ejemplo 2.7 estamos filtrando para que nos muestre información de la vlan 5, por lo que el paquete sólo se ve una vez.

Ejemplo 2.7

```
forti (test) # diagnose sniffer packet vlan5 'host 10.16.2.16' 4 10 a

interfaces=[vlan5]

filters=[host 10.16.2.16]

2019-10-15 18:29:49.238673 vlan5 -- 10.16.2.16.11546 -> 172.16.4.12.80: syn 4006991971

2019-10-15 18:29:49.238815 vlan5 -- 172.16.4.12.80 -> 10.16.2.16.11546: syn 1397932339 ack
4006991972

2019-10-15 18:29:49.239159 vlan5 -- 10.16.2.16.11546 -> 172.16.4.12.80: ack 1397932340
```

Ahora podemos ver un ejemplo filtrando por la vlan 3. De nuevo, el paquete sólo se muestra una vez

Ejemplo 2.8

```
forti (test) # diagnose sniffer packet vlan3 'host 10.16.2.16' 4 10 a
```

```
interfaces=[vlan3]

filters=[host 10.16.2.16]

2019-10-15 18:30:26.020013 vlan3 -- 10.16.2.16.28183 -> 172.16.4.12.80: syn 912710974

2019-10-15 18:30:26.020108 vlan3 -- 172.16.4.12.80 -> 10.16.2.16.28183: syn 80195551 ack
912710975

2019-10-15 18:30:26.020441 vlan3 -- 10.16.2.16.28183 -> 172.16.4.12.80: ack 80195552
```

Si no hay necesidad de mostrar el nombre de la interfaz por cada paquete, podemos establecer el nivel de detalle a *verbose* 1, ya que muestra el mismo nivel de información pero sin dicho detalle:

Ejemplo 2.9

```
forti (test) # diagnose sniffer packet vlan5 'host 10.16.2.16' 1 10 a

interfaces=[vlan5]

filters=[host 10.16.2.16]

2019-10-15 18:30:59.747995 10.16.2.16.46331 -> 172.16.4.10.80: syn 4101630887

2019-10-15 18:30:59.748157 172.16.4.10.80 -> 10.16.2.16.46331: syn 3607294891 ack 4101630888

2019-10-15 18:30:59.748494 10.16.2.16.46331 -> 172.16.4.10.80: psh 4101632323 ack 3607294892

2019-10-15 18:30:59.748507 10.16.2.16.46331 -> 172.16.4.10.80: ack 3607294892

2019-10-15 18:30:59.748513 10.16.2.16.46331 -> 172.16.4.10.80: 4101630888 ack 3607294892
```

Si se necesita ver la información IP del paquete, elegimos *verbosity* 2:

Ejemplo 2.10

```
forti (test) # diagnose sniffer packet vlan5 'host 10.16.2.16' 2 3 a

interfaces=[vlan5]

filters=[host 10.16.2.16]

2019-10-15 18:31:38.291860 10.16.2.16.60602 -> 172.16.4.12.80: syn 1049815025

0x0000   4500 003c b204 4000 fb06 14e3 ac1c 3010        E..<..@.......0.
```

```
0x0010    ac1a 308d ecba 0050 3e92 e7f1 0000 0000        ..0....P>.......

0x0020    a002 111c 00a2 0000 0204 05b4 0101 080a        ..............

0x0030    d0b0 9c37 0000 0000 0402 0000                  ...7........


2019-10-15 18:31:38.291969 172.16.4.12.80 -> 10.16.2.16.60602: syn 1661756760 ack 1049815026

0x0000    4500 0038 0000 4000 3e06 83ec ac1a 308d        E..8..@.>.....0.

0x0010    ac1c 3010 0050 ecba 630c 6558 3e92 e7f2        ..0..P..c.eX>...

0x0020    9012 7120 7ff3 0000 0204 05b4 0402 080a        ..q...........

0x0030    d7a1 9197 d0b0 9c37                             .......7


2019-10-15 18:31:38.292275 10.16.2.16.60602 -> 172.16.4.12.80: ack 1661756761

0x0000    4500 0034 b207 4000 fb06 14e8 ac1c 3010        E..4..@.......0.

0x0010    ac1a 308d ecba 0050 3e92 e7f2 630c 6559        ..0....P>...c.eY

0x0020    8010 111c fab4 0000 0101 080a d0b0 9c38        ...............8

0x0030    d7a1 9197                                       ....
```

Verbosity 5 incluye los mismos detalles que *verbosity* 1, pero incluye los nombres de las interfaces. Para más información, como los datos *Ethernet*, podemos elegir 3 ó 6.

Como nota importante, cuando el tráfico es filtrado (*dropped*) por el firewall, no se verá nada en la captura de paquetes. En este caso, tendremos que hacer uso del **debug flow**, explicado ahora.

d) Comprobar el **debug flow**

Debug Flow nos da más visibilidad del sistema y puede mostrar cualquier paquete que llegue a una interfaz. Nos muestra cómo es procesado y cuál es la decisión final, si se permite o se elimina (*allow* o *drop*). El comando incluye bastantes parámetros, como los que vemos a continuación, donde filtramos por la IP origen o destino. Cada una de las opciones ha de incluirse como un nuevo comando. Sobre la última línea antes del *enable,* el 100 hace referencia al número de paquetes que queremos capturar.

Ejemplo 2.11

```
diagnose debug reset <- Es una "buena práctica" resetear todos los debugs antes de empezar
con uno nuevo

diagnose debug flow filter clear <- y el mismo consejo con los filtros


diagnose debug flow filter saddr 10.16.2.16

diagnose debug flow filter daddr 172.16.4.10

diagnose debug flow show function-name enable

diagnose debug flow trace start 100


diagnose debug enable
```

Es muy importante deshabilitar el *debug* y eliminar todos los filtros una vez terminemos de realizar la captura. Yo personalmente hago un *reset* y los deshabilito, para asegurarme que si realizo una nueva captura no tenga ningún filtro previo.

Ejemplo 2.12

```
diagnose debug reset
diagnose debug disable
```

Igual que con el *diagnose, debug* tiene multitud de filtros. Esto hará que nos centremos solo en lo que nos importa, y que no se nos inunde la pantalla con información que no nos interesa:

Ejemplo 2.13

```
forti (test) # diagnose debug flow filter
```

```
clear      Clear filter.

vd         Index of virtual domain.

proto      Protocol number.

addr       IP address.

saddr      Source IP address.

daddr      Destination IP address.

port       port

sport      Source port.

dport      Destination port.

negate     Inverse filter.


forti (test) #
```

Aunque especifiquemos nuestro *debug* con los filtros pertinentes, seguiremos viendo bastante información. Lo mejor es que no tratemos de analizar todo mediante la consola, sino que hagamos un vertido (*output*) a un archivo para realizar un análisis más profundo.

En el siguiente ejemplo podemos ver el primer paquete de una nueva sesión. Merece la pena que nos fijemos en un par de detalles bastante interesantes:

Ejemplo 2.14

```
id=20085 trace_id=217 func=print_pkt_detail line=5375 msg="vd-test received a
packet(proto=6, 10.16.2.16:22167->172.16.4.10:80) from vlan5. flag [S], seq 4283788036, ack
0, win 4380"

id=20085 trace_id=217 func=init_ip_session_common line=5534 msg="allocate a new session-
0c22ee5d"

id=20085 trace_id=217 func=vf_ip_route_input_common line=2574 msg="find a route:
flag=00000000 gw-192.168.6.9 via vlan3"

id=20085 trace_id=217 func=fw_forward_handler line=743 msg="Allowed by Policy-16:"
```

Analicemos lo resaltado en la captura:

- msg – *vd-test received a packet* – Nombre del VDOM donde el paquete ha sido recibido. Puedes ver *root* si no hay definidos VDOMs en el equipo.
- proto=6 – TCP
- Ips origen y destino (+ports)
- from vlan5 – interfaz entrante
- flag [S] – TCP SYN *flag*
- msg="allocate a new session…" – significa que no había ninguna sesión previa para ese paquete/*flow* y Fortigate ha creado una nueva.
- msg="find a route:" –Antes de que Fortigate empiece a mirar las reglas definidas, se necesita una interfaz de salida. Fortigate mira en su tabla de enrutamiento dos veces, para el primer paquete enviado y para las primeras respuestas.
- gw-192.168.6.9 via vlan3 – el *Gateway* y la interfaz de salida encontrados durante la búsqueda en la tabla de enrutamiento.
- msg="Allowed by Policy-16" – Una vez se conocen los detalles (Ip origen y destino, interfaces de entrada y salida, servicio, puertos, etc.) Fortigate puede ya hacer un *policy lookup*. En este caso, se ha encontrado una coincidencia con Policy ID 16, y la acción es permitir el tráfico (*allowed*).

El primer paquete más arriba era el de la secuencia inicial de TCP. El segundo, en el ejemplo 2.15, es la respuesta (*reply*):

Ejemplo 2.15

```
id=20085 trace_id=218 func=print_pkt_detail line=5375 msg="vd-test received a
packet(proto=6, 172.16.4.10:80->10.16.2.16:22167) from vlan3. flag [S.], seq 3882227979, ack
4283788037, win 28960"

id=20085 trace_id=218 func=resolve_ip_tuple_fast line=5450 msg="Find an existing session,
id-0c22ee5d, reply direction"

id=20085 trace_id=218 func=vf_ip_route_input_common line=2574 msg="find a route:
flag=00000000 gw-192.168.4.3 via vlan5"

id=20085 trace_id=218 func=npu_handle_session44 line=1096 msg="Trying to offloading session
from vlan3 to vlan5, skb.npu_flag=00000400 ses.state=04010204 ses.npu_state=0x00000000"

id=20085 trace_id=218 func=ip_session_install_npu_session line=351 msg="npu session
installation succeeded"
```

- msg – vd-test received a packet – Nombre del VDOM/contexto en el que el paquete ha sido recibido.
- proto=6 – TCP
- source and destination IPs (+ports) – Origen y destino. Respuesta desde el servidor
- from vlan3 –Interfaz de entrada de la respuesta
- flag [S.] – TCP SYN/ACK *flag*
- msg="Find an existing session..." – Una sesión se ha encontrado y hay coincidencia con el paquete de destino/flow (flujo de información). También se puede ver aquí la ID de la sesión
- msg="find a route:" – Segunda vez que *Fortigate* revisa el enrutamiento, para la primera respuesta
- gw-192.168.4.3 via vlan5 –Estas son el *gateway* y la interfaz de salida encontrado durante la operación de búsqueda en la tabla de enrutamiento
- msg="Trying to offloading session from vlan3 to vlan5,..." – Fortigate intenta hacer un *offload*/descarga de la sesión a un NPU (ASIC Network Processor Unit)
- msg="npu session installation succeeded" – Confirmación de que el *offload* se ha ejecutado de manera correcta.

Hemos visto los dos primeros paquetes en el intercambio de tres vías (o *3-way handshake*) propio de TCP. En el ejemplo 2.16 tenemos ya el último:

Ejemplo 2.16

```
id=20085 trace_id=219 func=print_pkt_detail line=5375 msg="vd-test received a
packet(proto=6, 10.16.2.16:22167->172.16.4.10:80) from vlan5. flag [.], seq 4283788037, ack
3882227980, win 4380"

id=20085 trace_id=219 func=resolve_ip_tuple_fast line=5450 msg="Find an existing session,
id-0c22ee5d, original direction"

id=20085 trace_id=219 func=npu_handle_session44 line=1096 msg="Trying to offloading session
from vlan5 to vlan3, skb.npu_flag=00000400 ses.state=04010204 ses.npu_state=0x00000800"

id=20085 trace_id=219 func=ip_session_install_npu_session line=351 msg="npu session
installation succeeded"
```

- msg – vd-test received a packet – Nombre del VDOM que recibe el paquete

- proto=6 – TCP
- source and destination IPs (+ports) –Paquete del origen al servidor
- from vlan5 – Interfaz de entrada del tercer paquete
- flag [.] – TCP ACK flag
- msg="Find an existing session…"Se encuentra una sesión ya iniciada para este paquete
- msg="Trying to offloading session from vlan5 to vlan3,…" – intento de descarga del paquete a un NPU (ASIC Network Processor Unit)
- msg="npu session installation succeeded" – confirmación exitosa

En este primer ejemplo, hemos visto como todos los paquetes han sido aceptados. Ahora analicemos otro caso donde se deniegan:

Ejemplo 2.17

```
diagnose debug flow filter addr 10.12.5.16

diagnose debug flow show function-name enable

diagnose debug flow trace start 10

diagnose debug enable
```

Ahora vamos a ver el siguiente mensaje: *'Denied by forward policy check (policy O)'*. En este caso, Fortigate tiene que realizar una búsqueda en la tabla de enrutamiento antes de que el propio firewall compare el tráfico con las reglas (o policies) definidas (para saber la interfaz de salida)

Ejemplo 2.18

```
id=20085 trace_id=2440 func=print_pkt_detail line=5347 msg="vd-test received a
packet(proto=6, 10.12.5.16:56016->8.8.8.8:443) from vlan25. flag [S], seq 1372470198, ack 0,
win 8192"

id=20085 trace_id=2440 func=init_ip_session_common line=5506 msg="allocate a new session-
319f254e"

id=20085 trace_id=2440 func=vf_ip_route_input_common line=2574 msg="find a route:
flag=00000000 gw-192.168.1.1 via vlan4"
```

```
id=20085 trace_id=2440 func=fw_forward_handler line=591 msg="Denied by forward policy check
(policy 0)"
```

Policy ID 0 es lo que se conoce como la *implicit deny policy*. En el caso de que no se haya encontrado ninguna política que permita o deniegue el tráfico de manera explícita, entonces se procede a bloquear dicho paquete. Es la última sentencia, no se puede sobre escribir o modificar, y está siempre definida en última posición. Veremos varios de estos ejemplos más adelante en este capítulo.

2.2   Reverse Path Forwarding

RPF es un mecanismo de control que elimina paquetes cuyo IP origen ha sido suplantada/*spoofed*. Esta función permite pasar aquellos paquetes cuya IP origen ha sido verificada, esto es, que coincida con la interfaz por la que el paquete se ha recibido, con la tabla de enrutamiento. Además, dicha entrada debe tener la misma interfaz de salida que la interfaz de entrada en la que el paquete ha sido recibido. Esto, que puede resultar algo confuso, tiene fácil explicación. Imaginemos que el FW recibe un paquete cuya ip origen es 10.1.1.1 en el puerto 3. Fortigate verifica la tabla de enrutamiento y permite el paquete solo si existe una entrada en la tabla de enrutamiento para dicha ip por el puerto port3. Existen dos variaciones de RFP: *loose* (*feasible*) o estricto. El segundo tipo verifica si además la ruta por la que entra el paquete es la más óptima.

Diagnose debug flow muestra en pantalla si un paquete ha sido filtrado debido a RPF:

Ejemplo 2.19

```
id=20085 trace_id=200 func=print_pkt_detail line=5497 msg="vd-root:0 received a
packet(proto=6, 211.104.57.57:1704->8.8.8.8:0) from port5. flag [S], seq 1845508360, ack
60760960, win 512"

id=20085 trace_id=200 func=init_ip_session_common line=5657 msg="allocate a new session-
000008ba"

id=20085 trace_id=200 func=ip_route_input_slow line=2249 msg="reverse path check fail, drop"

id=20085 trace_id=200 func=ip_session_handle_no_dst line=5733 msg="trace"
```

2.3 Firewall Policy NAT

Fortigate en modo *NAT Operation* (L3) puede trabajar como *Firewall Policy NAT* (por defecto) o *Central NAT*. En los valores por defecto establecemos origen y destino NAT por cada política en el FW. Si queremos realizar resolución de fallas, no hay diferencia sobre que método usar. EL paquete puede ser *NATeado* de manera correcta o no. La única diferencia es más bien el orden, cómo el paquete es procesado.

2.3.1 Source NAT

Por cada regla del FW (FW *policy*) podemos habilitar NAT origen (Source NAT) y elegir entre realizar dicha operación en la interfaz de salida o definir qué IP utilizar en un rango definido (SNAT *pool*). El mejor método para verificar si se está realizando la traducción es mirar los siguientes comandos: **get system session list** y **diagnose debug flow**,

En el siguiente ejemplo podemos ver tráfico que ha sido S-Nateado (si se me permite la licencia de utilizar esta expresión) o, dicho de otra manera más formal, si la IP origen ha sido traducida a otra distinta (en la columna SOURCE-NAT)

Ejemplo 2.20

```
forti # get system session list

PROTO    EXPIRE SOURCE              SOURCE-NAT         DESTINATION          DESTINATION-NAT

tcp      3424   192.168.11.100:49682 172.16.1.1:49682 172.217.14.206:80 -
```

Para verificar cómo se está realizando el NAT, podemos observar el resultado en pantalla del comando **diagnose debug flow:**

Ejemplo 2.21

```
diagnose debug reset
```

```
diagnose debug flow filter addr 172.217.14.206

diagnose debug flow show function-name enable

diagnose debug flow trace start 100

diagnose debug enable
```

Cuando el primer paquete llega al equipo, *Forgitate* realizará las siguientes acciones:

- Definirá una nueva sesión
- Realiza una búsqueda en la tabla de enrutamiento para identificar la interfaz de salida
- Busca en las políticas de seguridad para comprobar que el tráfico se permite o no y si SNAT ha sido habilitado.

En el siguiente ejemplo podemos ver todos estos pasos, incluyendo el SNAT para la comunicación inicial de TCP (con el *flag* de SYN)

Ejemplo 2.22

```
func=print_pkt_detail line=5497 msg="vd-root:0 received a packet(proto=6,
192.168.11.100:49682->172.217.14.206:80) from port5. flag [S], seq 966157991, ack 0, win
8192"

id=20085 trace_id=56 func=init_ip_session_common line=5657 msg="allocate a new session-
000002de"

id=20085 trace_id=56 func=vf_ip_route_input_common line=2591 msg="find a route:
flag=04000000 gw-172.16.1.254 via port2"

id=20085 trace_id=56 func=fw_forward_handler line=751 msg="Allowed by Policy-101: SNAT"

id=20085 trace_id=56 func=__ip_session_run_tuple line=3328 msg="SNAT 192.168.11.100-
>172.16.1.1:49682"
```

El paquete de respuestas desde el servidor es enviado a la dirección *NATeada* 17.16.1.1. Fortigate debe invertir la operación SNAT y se puede ver aquí como DNAT:

Ejemplo 2.23

```
id=20085 trace_id=57 func=print_pkt_detail line=5497 msg="vd-root:0 received a
packet(proto=6, 172.217.14.206:80->172.16.1.1:49682) from port2. flag [S.], seq 972739247,
ack 966157992, win 60720"

id=20085 trace_id=57 func=resolve_ip_tuple_fast line=5572 msg="Find an existing session, id-
000002de, reply direction"

id=20085 trace_id=57 func=__ip_session_run_tuple line=3342 msg="DNAT 172.16.1.1:49682-
>192.168.11.100:49682"

id=20085 trace_id=57 func=vf_ip_route_input_common line=2591 msg="find a route:
flag=00000000 gw-192.168.11.100 via port5"
```

Como ya explicamos en el capítulo anterior, del paquete inicial y de la primera respuesta
del servidor, Fortigate necesita encontrar una ruta y la interfaz de salida. No sucederá igual
en el último paquete TCP ACK:

Ejemplo 2.24

```
id=20085 trace_id=58 func=print_pkt_detail line=5497 msg="vd-root:0 received a
packet(proto=6, 192.168.11.100:49682->172.217.14.206:80) from port5. flag [.], seq
966157992, ack 972739248, win 258"

id=20085 trace_id=58 func=resolve_ip_tuple_fast line=5572 msg="Find an existing session, id-
000002de, original direction"

id=20085 trace_id=58 func=ipv4_fast_cb line=53 msg="enter fast path"

id=20085 trace_id=58 func=ip_session_run_all_tuple line=6738 msg="SNAT 192.168.11.100-
>172.16.1.1:49682"
```

SI hay múltiples usuarios, puedes necesitar un rango de IPs para realizar el SNAT.
Imaginemos que tenemos definido el siguiente 'pool':

Ejemplo 2.25

```
forti # diagnose firewall ippool-all stats

vdom:root owns 1 ippool(s)

name: test-IP-pool

type: overload
```

```
startip: 172.16.1.100

endip: 172.16.1.101

total ses: 25

tcp ses: 25

udp ses: 0

other ses: 0
```

From the session perspective, there is no difference between sessions with SNAT on the interface or SNAT IP picked from the IP pool:

Ejemplo 2.26

```
forti # get system session list

PROTO   EXPIRE SOURCE              SOURCE-NAT           DESTINATION        DESTINATION-NAT

tcp      3434   192.168.11.100:50049  172.16.1.101:50049 172.217.14.206:80 -
```

En el próximo ejemplo tampoco veremos si la Ip ha sido sacada del rango o no:

Ejemplo 2.27

```
id=20085 trace_id=91 func=print_pkt_detail line=5497 msg="vd-root:0 received a
packet(proto=6, 192.168.11.100:50049->172.217.14.206:80) from port5. flag [S], seq
3173586349, ack 0, win 8192"

id=20085 trace_id=91 func=init_ip_session_common line=5657 msg="allocate a new session-
0000063c"

id=20085 trace_id=91 func=vf_ip_route_input_common line=2591 msg="find a route:
flag=04000000 gw-172.16.1.254 via port2"

id=20085 trace_id=91 func=fw_forward_handler line=751 msg="Allowed by Policy-101: SNAT"

id=20085 trace_id=91 func=__ip_session_run_tuple line=3328 msg="SNAT 192.168.11.100-
>172.16.1.101:50049"
```

El resto de paquetes son procesados de la misma manera que en el ejemplo anterior:

Ejemplo 2.28

```
id=20085 trace_id=92 func=print_pkt_detail line=5497 msg="vd-root:0 received a
packet(proto=6, 172.217.14.206:80->172.16.1.101:50049) from port2. flag [S.], seq
2901848098, ack 3173586350, win 60720"

id=20085 trace_id=92 func=resolve_ip_tuple_fast line=5572 msg="Find an existing session, id-
0000063c, reply direction"

id=20085 trace_id=92 func=__ip_session_run_tuple line=3342 msg="DNAT 172.16.1.101:50049-
>192.168.11.100:50049"

id=20085 trace_id=92 func=vf_ip_route_input_common line=2591 msg="find a route:
flag=00000000 gw-192.168.11.100 via port5"
```

Y finalmente el último paso del intercambio a tres vías de TCP:

Ejemplo 2.29

```
id=20085 trace_id=93 func=print_pkt_detail line=5497 msg="vd-root:0 received a
packet(proto=6, 192.168.11.100:50049->172.217.14.206:80) from port5. flag [.], seq
3173586350, ack 2901848099, win 258"

id=20085 trace_id=93 func=resolve_ip_tuple_fast line=5572 msg="Find an existing session, id-
0000063c, original direction"

id=20085 trace_id=93 func=ipv4_fast_cb line=53 msg="enter fast path"

id=20085 trace_id=93 func=ip_session_run_all_tuple line=6738 msg="SNAT 192.168.11.100-
>172.16.1.101:50049"
```

Hemos analizado ejemplos donde el tráfico está permitido. Pero, ¿cómo sería el resultado del comando *diag debug Flow* si hay algo que vaya mal? Por ejemplo, imaginemos que hemos olvidado habilitar SNAT en la política 101 del FW. Veremos tres intentos de conexión. El mismo paquete TCP SYN se envía pero, en este caso, no obtiene respuesta del servidor. No se muestra información de la acción del SNAT, lo que significa que Fortigate envía el paquete con su IP original. Si el siguiente equipo no tiene la información de la IP/subred destino, el paquete se elimina.

```
id=20085 trace_id=82 func=print_pkt_detail line=5497 msg="vd-root:0 received a
packet(proto=6, 192.168.11.100:49877->172.217.14.206:80) from port5. flag [S], seq
3221646088, ack 0, win 8192"

id=20085 trace_id=82 func=init_ip_session_common line=5657 msg="allocate a new session-
000004c2"

id=20085 trace_id=82 func=vf_ip_route_input_common line=2591 msg="find a route:
flag=04000000 gw-172.16.1.254 via port2"

id=20085 trace_id=82 func=fw_forward_handler line=751 msg="Allowed by Policy-101:"


id=20085 trace_id=83 func=print_pkt_detail line=5497 msg="vd-root:0 received a
packet(proto=6, 192.168.11.100:49877->172.217.14.206:80) from port5. flag [S], seq
3221646088, ack 0, win 8192"

id=20085 trace_id=83 func=resolve_ip_tuple_fast line=5572 msg="Find an existing session, id-
000004c2, original direction"

id=20085 trace_id=83 func=ipv4_fast_cb line=53 msg="enter fast path"


id=20085 trace_id=84 func=print_pkt_detail line=5497 msg="vd-root:0 received a
packet(proto=6, 192.168.11.100:49877->172.217.14.206:80) from port5. flag [S], seq
3221646088, ack 0, win 8192"

id=20085 trace_id=84 func=resolve_ip_tuple_fast line=5572 msg="Find an existing session, id-
000004c2, original direction"

id=20085 trace_id=84 func=ipv4_fast_cb line=53 msg="enter fast path"
```

2.3.2   NAT Destino

Destination NAT o *DNAT* (traducción de la IP destino) se implementa en dos pasos. Primero, necesitas un objeto VIP en el que defines el mapeo entre la IP real y la Ip a traducir (o mapeada -*mapped*-). En Fortigate se puede hacer traducción estática -*one-to-one*- o de una a muchas -*one-to-many*) (*load balancing/server load balancing*). Explicaré esto en más detalle en el capítulo de 'Balanceador de carga'. En el siguiente paso, añades un objeto VIP al campo destino en la ventana de la política del FW. Los detalles del proceso de traducción NAT pueden ser verificados mirando la lista de sesiones:

Ejemplo 2.31

```
forti # get system session list

PROTO    EXPIRE  SOURCE              SOURCE-NAT      DESTINATION      DESTINATION-NAT

icmp     52      10.5.5.1:256        -               10.7.7.20:8      192.168.11.100:256
```

Ejemplo de definición de un objeto VIP:

Ejemplo 2.32

```
forti # sh firewall vip

config firewall vip

    edit "test-VIP-object"

        ...

        set extip 10.7.7.20 <- the real IP

        set extintf "any"

        set mappedip "192.168.11.100"

    next

end
```

Si nos encontramos con algún problema con el DNAT, es conveniente usar el comando **diagnose debug flow** y verificar cuál es la IP destino en el paquete, antes y después de la operación NAT.

En el ejemplo siguiente podemos ver un paquete ICMP (proto-1), del tipo petición de eco (*echo request* (type=8, code=0), que se envía desde host 10.5.5.1 al VIP 10.7.7.20. Dicha operación se realiza en el siguiente orden:

- Se define una nueva sesión
  - Encuentra un objeto VIP que coincide con la IP destino (VIP-192.168.11.100)
- Realiza el DNAT, traduciendo la VIP a la IP real
- Busca una ruta para la ip destino real e identifica la interfaz de salida
- Comprueba si hay un *match* o coincidencia con alguna regla del FW

Ejemplo 2.33

```
id=20085 trace_id=203 func=print_pkt_detail line=5497 msg="vd-root:0 received a
packet(proto=1, 10.5.5.1:0->10.7.7.20:2048) from port2. type=8, code=0, id=0, seq=0."

id=20085 trace_id=203 func=init_ip_session_common line=5657 msg="allocate a new session-
00000922"

id=20085 trace_id=203 func=fw_pre_route_handler line=182 msg="VIP-192.168.11.100:8, outdev-
unkown"

id=20085 trace_id=203 func=__ip_session_run_tuple line=3342 msg="DNAT 10.7.7.20:8-
>192.168.11.100:8"

id=20085 trace_id=203 func=vf_ip_route_input_common line=2591 msg="find a route:
flag=00000000 gw-192.168.11.100 via port5"

id=20085 trace_id=203 func=fw_forward_handler line=751 msg="Allowed by Policy-2:"
```

El paquete de Vuelta, *echo reply* (type=0, code=0) se envía de vuelta al *host* 10.5.5.1.
Fortigate necesita modificar la IP de origen en la respuesta a la IP mapeada, según se haya
definido en la VIP. Se puede ver en el siguiente ejemplo esto mismo, la operación SNAT,
que es justamente el paso contrario al DNAT que se realizó en el paso previo.

Ejemplo 2.34

```
id=20085 trace_id=204 func=print_pkt_detail line=5497 msg="vd-root:0 received a
packet(proto=1, 192.168.11.100:8->10.5.5.1:0) from port5. type=0, code=0, id=8, seq=0."

id=20085 trace_id=204 func=resolve_ip_tuple_fast line=5572 msg="Find an existing session,
id-00000922, reply direction"

id=20085 trace_id=204 func=vf_ip_route_input_common line=2591 msg="find a route:
flag=04000000 gw-10.5.5.254 via port2"

id=20085 trace_id=204 func=__ip_session_run_tuple line=3328 msg="SNAT 192.168.11.100-
>10.7.7.20:0"
```

El siguiente paquete *ICMP echo request* ya se encuentra en una sesión, por lo que Fortigate
no comprueba otra vez la de enrutamiento o las políticas de seguridad. La operación DNAT
se realiza en la última línea:

Ejemplo 2.35

```
id=20085 trace_id=205 func=print_pkt_detail line=5497 msg="vd-root:0 received a
packet(proto=1, 10.5.5.1:0->10.7.7.20:2048) from port2. type=8, code=0, id=0, seq=1."

id=20085 trace_id=205 func=resolve_ip_tuple_fast line=5572 msg="Find an existing session,
id-00000922, original direction"

id=20085 trace_id=205 func=ipv4_fast_cb line=53 msg="enter fast path"

id=20085 trace_id=205 func=ip_session_run_all_tuple line=6750 msg="DNAT 10.7.7.20:8-
>192.168.11.100:8"
```

2.3.3   Errores de configuración NAT

En algunos casos, la operación NAT no se ejecuta de la manera correcta. Una de las razones
puede ser por fallos en la configuración. Analicemos un ejemplo.

Tenemos un host con la IP 10.20.1.14. En el firewall hay una VIP configurada para dicho
equipo con *any* como interfaz de salida. EL mapeo para el tráfico entrante es "172.16.1.15-
10.20.1.14'. También hay una regla que permite al host comunicarse con el exterior a
través de cualquier interfaz de salida. La política *outgoing* tiene un SNAT configurado con
un rango de IPs, entre el que se encuentra 172.16.1.100.

El host de la izquierda inicia el tráfico y su IP origen es traducida (*SNAT-ed*) a 172.16.1.100.
El tráfico de vuelta debería traducir la Ip a la dirección real (10.20.1.14). Pero como
tenemos un VIP con la misma Ip interna, el FW resetea la conexión.

Figura 2.1

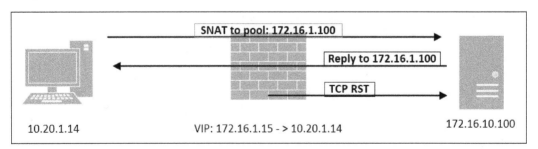

Ejemplo de intento de conexión sin respuesta (TCP SYN/ACK):

Ejemplo 2.36

```
forti # diagnose sniffer packet any  'host 10.20.1.14' 4

interfaces=[any]

filters=[host 10.20.1.14]

8.733836 VLAN 10 in 10.20.1.14.64874 -> 172.16.10.100.443: syn 1046817360

11.729096 VLAN 10 in 10.20.1.14.64874 -> 172.16.10.100.443: syn 1046817360

17.729078 VLAN 10 in 10.20.1.14.64874 -> 172.16.10.100.443: syn 1046817360

29.735967 VLAN 10 in 10.20.1.14.64875 -> 172.16.10.100.443: syn 166497838

32.736277 VLAN 10 in 10.20.1.14.64875 -> 172.16.10.100.443: syn 166497838

38.737069 VLAN 10 in 10.20.1.14.64875 -> 172.16.10.100.443: syn 166497838
```

Cuando analizamos el *output* del comando **debug flow**, podemos ver como el equipo envía paquetes *reset* RST:

Ejemplo 2.37

```
id=20085 trace_id=215 func=print_pkt_detail line=5375 msg="vd-root received a
packet(proto=6, 10.20.1.14:49651->172.16.10.100:443) from VLAN 10. flag [S], seq 1411922454,
ack 0, win 8192"

id=20085 trace_id=215 func=resolve_ip_tuple_fast line=5450 msg="Find an existing session,
id-051ac93e, original direction"

id=20085 trace_id=215 func=vf_ip_route_input_common line=2574 msg="find a route:
flag=00000000 gw-172.16.1.254 via VLAN 20"

id=20085 trace_id=215 func=__ip_session_run_tuple line=3282 msg="SNAT 10.20.1.14-
>172.16.1.100:49651"


id=20085 trace_id=216 func=print_pkt_detail line=5375 msg="vd-root received a
packet(proto=6, 172.16.10.100:443->172.16.1.100:49651) from VLAN 20. flag [S.], seq
2541017541, ack 1411922455, win 8192"

id=20085 trace_id=216 func=resolve_ip_tuple_fast line=5450 msg="Find an existing session,
id-051ac93e, reply direction"
```

```
id=20085 trace_id=216 func=__ip_session_run_tuple line=3296 msg="DNAT 172.16.1.100:49651-
>10.20.1.14:49651"

id=20085 trace_id=216 func=vf_ip_route_input_common line=2574 msg="find a route:
flag=80000000 gw-10.20.1.14 via root"


id=20085 trace_id=217 func=print_pkt_detail line=5375 msg="vd-root received a
packet(proto=6, 10.20.1.14:49651->172.16.10.100:443) from local. flag [R], seq 1411922455,
ack 0, win 0"

id=20085 trace_id=217 func=resolve_ip_tuple_fast line=5450 msg="Find an existing session,
id-051ac93e, original direction"

id=20085 trace_id=217 func=__ip_session_run_tuple line=3282 msg="SNAT 10.20.1.14-
>172.16.1.100:49651"
```

Esto se puede corregir evitando definir el objeto IP con una interfaz *any*. Si se necesita permitir la comunicación entre distintas interfaces:

- Tráfico entrante: port1->port6
- Tráfico saliente: port6->port2

Intenta ser muy específico cuando creas dichos objetos *VIPs*.

Dependiendo de la versión firmware y el modo NAT, el tráfico saliente puede ser SNAT-ed a la VIP. Esto significa que los *settings* SNAT en las políticas del Firewall se sobrescribirán por el VIP.

2.4   Central NAT

En Central NAT separas las reglas del Firewall con las del NAT. Una vez habilitado, se añaden distintas tablas diferenciadas tanto para SNAT como DNAT. Desde el punto de vista del troubleshooting, realmente no hay diferencia sobre cómo proceder.

2.4.1   NAT Origen

La conexión genera la misma información que el *Policy NAT* del firewall, durante la resolución de fallas. Solo hay que añadir una línea más a la configuración:

Ejemplo 2.38

```
forti # show firewall central-snat-map
config firewall central-snat-map
    edit 1
        set orig-addr "all"
        set srcintf "port5"
        set dst-addr "all"
        set dstintf "port2"
        set nat-ippool "test-nat-ip-pool"
    next
end
```

Ambas IPs origen, antes y después de la operación SNAT, se muestran con el siguiente comando:

Ejemplo 2.39

```
forti # get system session list

PROTO   EXPIRE  SOURCE              SOURCE-NAT          DESTINATION        DESTINATION-NAT
tcp     3596    192.168.11.100:49568  172.16.1.1:49568 172.217.14.206:80 -
```

En este caso no repetiré el comando **diagnose debug flow** ya que el resultado es el mismo, como se vio en los ejemplos 2.27-2.29

2.4.2   NAT Destino

Podemos ver si Central NAT está configurado con el comando **diagnose debug flow**:

Ejemplo 2.40

```
id=20085 trace_id=175 func=print_pkt_detail line=5497 msg="vd-root:0 received a
packet(proto=6, 10.5.5.1:49321->172.16.1.250:80) from port2. flag [S], seq 4222690550, ack
0, win 8192"

id=20085 trace_id=175 func=init_ip_session_common line=5657 msg="allocate a new session-
000003e3"

id=20085 trace_id=175 func=fw_pre_route_handler line=182 msg="VIP-192.168.11.100:80, outdev-
unkown"

id=20085 trace_id=175 func=__ip_session_run_tuple line=3342 msg="DNAT 172.16.1.250:80-
>192.168.11.100:80"

id=20085 trace_id=175 func=vf_ip_route_input_common line=2591 msg="find a route:
flag=00000000 gw-192.168.11.100 via port5"

id=20085 trace_id=175 func=fw_snat_check line=466 msg="NAT disabled by central SNAT policy!"

id=20085 trace_id=175 func=fw_forward_handler line=751 msg="Allowed by Policy-2:"
```

Normalmente no necesitamos habilitar SNAT para el tráfico entrante. Una vez la IP destino
está *nateada*, Fortigate envía el paquete a su destino con la IP origen sin cambiar. Si por
alguna razón necesitas realizar *SNAT,* el *output* sería similar al del siguiente ejemplo:

Ejemplo 2.41

```
id=20085 trace_id=75 func=print_pkt_detail line=5497 msg="vd-root:0 received a
packet(proto=6, 10.5.5.1:49288->172.16.1.250:80) from port2. flag [S], seq 452580924, ack 0,
win 8192"

id=20085 trace_id=75 func=init_ip_session_common line=5657 msg="allocate a new session-
0000037b"

id=20085 trace_id=75 func=fw_pre_route_handler line=182 msg="VIP-192.168.11.100:80, outdev-
unkown"

id=20085 trace_id=75 func=__ip_session_run_tuple line=3342 msg="DNAT 172.16.1.250:80-
>192.168.11.100:80"
```

```
id=20085 trace_id=75 func=vf_ip_route_input_common line=2591 msg="find a route:
flag=00000000 gw-192.168.11.100 via port5"

id=20085 trace_id=75 func=fw_forward_handler line=751 msg="Allowed by Policy-2: SNAT"

id=20085 trace_id=75 func=__ip_session_run_tuple line=3328 msg="SNAT 10.5.5.1-
>192.168.11.254:49288"
```

Primer paquete (TCP SYN) y el orden de las sucesivas operaciones:

-   Recibe un paquete - 10.5.5.1:49288->172.16.1.250:80
-   *allocate new sesión* (crea una nueva sesión)
-   *VIP mapping found* – VIP-192.168.11.100 (Se encuentra el mapeado VIP)
-   *perform DNAT* - 172.16.1.250:80->192.168.11.100:80 (realiza DNAT)
-   *find a route* - gw-192.168.11.100 *via port5* (encuentra una ruta)
-   *check firewall policies* – *allowed by policy-2* (la política o regla que permite dicho tráfico)
-   Realiza *SNAT* - 10.5.5.1->192.168.11.254:49288 – ocultando la IP origen real

En el paquete respuesta (TCP SYN/ACK), nos encontramos con los siguientes pasos:

-   Recibe un paquete
-   *find an existing session*
-   *DNAT* – Operación inversa al *SNAT* realizada antes
-   Encuentra una ruta
-   *SNAT* – reverso del *DNAT* realizado antes

Ejemplo 2.42

```
id=20085 trace_id=76 func=print_pkt_detail line=5497 msg="vd-root:0 received a
packet(proto=6, 192.168.11.100:80->192.168.11.254:49288) from port5. flag [S.], seq
1595822326, ack 452580925, win 8192"

id=20085 trace_id=76 func=resolve_ip_tuple_fast line=5572 msg="Find an existing session, id-
0000037b, reply direction"

id=20085 trace_id=76 func=__ip_session_run_tuple line=3342 msg="DNAT 192.168.11.254:49288-
>10.5.5.1:49288"

id=20085 trace_id=76 func=vf_ip_route_input_common line=2591 msg="find a route:
flag=04000000 gw-172.16.1.254 via port2"
```

```
id=20085 trace_id=76 func=__ip_session_run_tuple line=3328 msg="SNAT 192.168.11.100-
>172.16.1.250:80"
```

En el último paquete TCP ACK podemos ver:

- Paquete recibido
- Encuentra una sesión activa
- DNAT
- SNAT

Ejemplo 2.43

```
id=20085 trace_id=77 func=print_pkt_detail line=5497 msg="vd-root:0 received a
packet(proto=6, 10.5.5.1:49288->172.16.1.250:80) from port2. flag [.], seq 452580925, ack
1595822327, win 4106"

id=20085 trace_id=77 func=resolve_ip_tuple_fast line=5572 msg="Find an existing session, id-
0000037b, original direction"

id=20085 trace_id=77 func=__ip_session_run_tuple line=3342 msg="DNAT 172.16.1.250:80-
>192.168.11.100:80"

id=20085 trace_id=77 func=__ip_session_run_tuple line=3328 msg="SNAT 10.5.5.1-
>192.168.11.254:49288"
```

Si es posible, se recomienda evitar SNAT para el tráfico de entrada. Consume bastantes
recursos el manejar esta información IP adicional.

2.5   Policy Lookup

En la versión *FortiOS* 5.6 se ha introducido la posibilidad de buscar entre las políticas,
llamado en inglés *Policy Lookup*. Gracias a ello, podemos definir de manera bastante
granular con parámetros como los que veis a continuación. Puede ser de gran ayuda
cuando el tráfico no ejecuta la política que esperábamos

Figura 2.2

Policy Lookup

Source Interface	⯆
Protocol	IP ⯆
Protocol Number	1-255
Source	IP Address
Destination	IP Address/FQDN

Search   Cancel

3   Traffic Inspection

La Nueva Generación de Firewalls (*New Generation Firewalls -NGFW-*) protegen, como es de esperar, la red de manera mucho más eficiente que los modelos anteriores. Así, pueden no solo inspeccionar el tráfico supervisando el protocolo de transporte y el número de puerto, sino, también, basarse en firmas o *signatures*. Algo más adelante trabajaremos con los problemas más típicos que nos podamos encontrar.

3.1   Inspection mode

Fortigate puede inspeccionar el tráfico en dos modos, *proxy* o *Flow-based*. Desde la versión 5.6 del *FortiOs*, la versión por defecto es esta última. Hasta la versión 6.0, podemos elegir el tipo de inspección por equipo o por VDOM, si éste está definido. Hay ciertas características de seguridad en *Fortigate* que sólo están disponibles en el modo proxy (según la documentación oficial). *Fortigate* en modo *flow-based inspection* solo puede realizar dicha inspección del tráfico si el modo flow-*based* está definido en los ajustes generales.

Si en tu equipo está definido el modo *proxy*, dependiendo de opciones de seguridad específicas, podrá realizar la inspección en ambos modos *proxy* y *flow*. El motor IPS, que se usa para protección de IPS (*Instrusion Prevention System*) Control de las aplicaciones (*application control*), o Antivirus (modo *flow*) puede inspeccionar el tráfico solamente en el modo *Flow-based*, incluso si en el Fortigate ese ha definido el modo *proxy-based*.

Antes de que prosigamos, me gustaría que quedara claro cuál es la diferencia entre estos dos modos que hemos citado, *Flow* y *proxy-based*. Este último envía la comunicación al servidor, una vez el 3 *WAY handshake* de TCP se haya completado

Figura 3.1

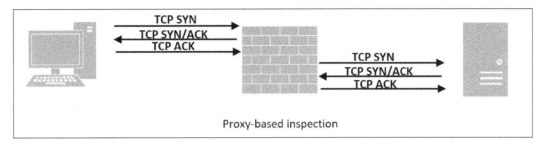

Proxy-based inspection

En el modo de inspección *Flow-based*, la sesión TCP se establece entre el cliente y el servidor.

Figura 3.2

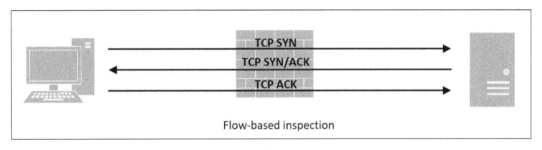

Flow-based inspection

En el caso de que suframos un *TCP SYN flood attack* (un ataque de inundación de paquetes TCP SYN), el firewall en modo *proxy-based* protege los recursos del servidor. Efectivamente, no reenvía sesiones TCP incompletas.

En el siguiente ejemplo podemos ver dos intercambios del TCP 3-*way handshake*:

-    Primero, entre el cliente y el FortiGate:

Ejemplo 3.1

```
id=20085 trace_id=10 func=print_pkt_detail line=5497 msg="vd-root:0 received a
packet(proto=6, 192.168.11.100:49531->13.56.33.144:80) from port5. flag [S], seq 4196437253,
ack 0, win 8192"

id=20085 trace_id=10 func=init_ip_session_common line=5657 msg="allocate a new session-
000004ff"

id=20085 trace_id=10 func=vf_ip_route_input_common line=2591 msg="find a route:
flag=04000000 gw-172.16.1.254 via port2"

id=20085 trace_id=10 func=fw_forward_handler line=751 msg="Allowed by Policy-1: AV SNAT"

id=20085 trace_id=10 func=av_receive line=301 msg="send to application layer"




id=20085 trace_id=11 func=print_pkt_detail line=5497 msg="vd-root:0 received a
packet(proto=6, 13.56.33.144:80->192.168.11.100:49531) from local. flag [S.], seq 165166478,
ack 4196437254, win 14600"

id=20085 trace_id=11 func=resolve_ip_tuple_fast line=5572 msg="Find an existing session, id-
000004ff, reply direction"




id=20085 trace_id=12 func=print_pkt_detail line=5497 msg="vd-root:0 received a
packet(proto=6, 192.168.11.100:49531->13.56.33.144:80) from port5. flag [.], seq 4196437254,
ack 165166479, win 2053"

id=20085 trace_id=12 func=resolve_ip_tuple_fast line=5572 msg="Find an existing session, id-
000004ff, original direction"

id=20085 trace_id=12 func=av_receive line=301 msg="send to application layer"
```

- Segundo, entre el Fortigate y el servidor:

Ejemplo 3.2

```
id=20085 trace_id=13 func=print_pkt_detail line=5497 msg="vd-root:0 received a
packet(proto=6, 192.168.11.100:49531->13.56.33.144:80) from local. flag [S], seq 1792376582,
ack 0, win 14600"

id=20085 trace_id=13 func=resolve_ip_tuple_fast line=5572 msg="Find an existing session, id-
000004ff, original direction"
```

```
id=20085 trace_id=13 func=__ip_session_run_tuple line=3328 msg="SNAT 192.168.11.100-
>172.16.1.1:49531"



id=20085 trace_id=16 func=print_pkt_detail line=5497 msg="vd-root:0 received a
packet(proto=6, 13.56.33.144:80->172.16.1.1:49531) from port2. flag [S.], seq 2195708818,
ack 1792376583, win 16060"

id=20085 trace_id=16 func=resolve_ip_tuple_fast line=5572 msg="Find an existing session, id-
000004ff, reply direction"

id=20085 trace_id=16 func=__ip_session_run_tuple line=3342 msg="DNAT 172.16.1.1:49531-
>192.168.11.100:49531"

id=20085 trace_id=16 func=vf_ip_route_input_common line=2591 msg="find a route:
flag=00000000 gw-192.168.11.100 via port5"

id=20085 trace_id=16 func=av_receive line=301 msg="send to application layer"



id=20085 trace_id=17 func=print_pkt_detail line=5497 msg="vd-root:0 received a
packet(proto=6, 192.168.11.100:49531->13.56.33.144:80) from local. flag [.], seq 1792376583,
ack 2195708819, win 3650"

id=20085 trace_id=17 func=resolve_ip_tuple_fast line=5572 msg="Find an existing session, id-
000004ff, original direction"

id=20085 trace_id=17 func=__ip_session_run_tuple line=3328 msg="SNAT 192.168.11.100-
>172.16.1.1:49531"
```

Una vez la sesión se ha establecido, se puede visualizar con el comando ***diagnose sys
session list***:

- *proxy-based inspection mode-* Fijaros como una de las sesiones está en estado
  redir:

Ejemplo 3.3

```
session info: proto=6 proto_state=11 duration=8 expire=3592 timeout=3600 flags=00000000
sockflag=00000000 sockport=443 av_idx=9 use=6

origin-shaper=
```

```
reply-shaper=

per_ip_shaper=

class_id=0 ha_id=0 policy_dir=0 tunnel=/ vlan_cos=0/255

state=redir log local may_dirty nlb f00

statistic(bytes/packets/allow_err): org=164/3/1 reply=92/2/1 tuples=3

tx speed(Bps/kbps): 20/0 rx speed(Bps/kbps): 11/0

orgin->sink: org pre->post, reply pre->post dev=5->3/3->5 gwy=172.16.1.254/192.168.11.100

hook=post dir=org act=snat 192.168.11.100:49760->151.101.1.164:443(172.16.1.1:49760)

hook=pre dir=reply act=dnat 151.101.1.164:443->172.16.1.1:49760(192.168.11.100:49760)

hook=post dir=reply act=noop 151.101.1.164:443->192.168.11.100:49760(0.0.0.0:0)

pos/(before,after) 0/(0,0), 0/(0,0)

misc=0 policy_id=1 auth_info=0 chk_client_info=0 vd=0

serial=00000711 tos=40/40 app_list=0 app=0 url_cat=0

rpdb_link_id = 00000000
```

- Modo de inspección *flow-based-* en este momento de la comunicación, debería verse *ndr*:

Ejemplo 3.4

```
session info: proto=6 proto_state=66 duration=3 expire=2 timeout=3600 flags=00000000
sockflag=00000000 sockport=443 av_idx=0 use=5

origin-shaper=

reply-shaper=

per_ip_shaper=

class_id=0 ha_id=0 policy_dir=0 tunnel=/ vlan_cos=0/255

state=log may_dirty ndr nlb f00

statistic(bytes/packets/allow_err): org=1213/14/1 reply=8357/16/0 tuples=3

tx speed(Bps/kbps): 400/3 rx speed(Bps/kbps): 2758/22

orgin->sink: org pre->post, reply pre->post dev=5->3/3->5 gwy=172.16.1.254/192.168.11.100
```

```
hook=post dir=org act=snat 192.168.11.100:49979->151.101.1.164:443(172.16.1.1:49979)

hook=pre dir=reply act=dnat 151.101.1.164:443->172.16.1.1:49979(192.168.11.100:49979)

hook=post dir=reply act=noop 151.101.1.164:443->192.168.11.100:49979(0.0.0.0:0)

pos/(before,after) 0/(0,0), 0/(0,0)

misc=0 policy_id=1 auth_info=0 chk_client_info=0 vd=0

serial=00000838 tos=ff/ff app_list=0 app=0 url_cat=0

rpdb_link_id = 00000000

dd_type=0 dd_mode=0
```

3.2   Web Filtering

El Filtrado Web controla qué tipos de categorías Web se pueden visitar. Podemos partir de políticas generales o dedicadas para grupos de usuarios específicos. La principal herramienta de verificación será, por supuesto, los mensajes *logs*.

Yo recomiendo empezar comprobando qué nos encontramos ahí. Si algo no funciona como se espera, analiza la conexión verificando el resultado en pantalla de los siguientes comandos:

Ejemplo 3.5

```
diagnose debug urlfilter src-addr <IP>

diagnose debug urlfilter test-url <url>

diagnose debug application urlfilter -1

diagnose debug enable
```

En el ejemplo siguiente podemos ver una petición para la página 'www.fortinet.con'. El tráfico no está encriptado (http) y la accion es *monitor*. En la última línea podemos ver la categoría web, en este caso 52, que representa 'IT'.

Ejemplo 3.6

```
msg="received a request /tmp/.ipsengine_536_0_0.url.socket, addr_len=37:
d=www.fortinet.com:80, id=508, cat=255, vfname='root', vfid=0, profile='default', type=0,
client=192.168.11.100, url_source=1, url="/"

msg="Cache miss" user="N/A" src=192.168.11.100 sport=50841 dst=13.56.33.144 dport=80
service="http" hostname="www.fortinet.com" url="/"

action=12(ftgd-monitor) wf-act=0(MONITOR) user="N/A" src=192.168.11.100 sport=50841
dst=13.56.33.144 dport=80 service="http" cat=52 hostname="www.fortinet.com" url="/"
```

El siguiente ejemplo es con trafico *https*, es por eso que vemos **url_source=3**, indicador de nombre del servidor o SIN (*Server Name Indication*). Esto es una extensión del protocolo TLS. El nombre de host es 'bing.com' y la acción es bloquear, ya que cae, en este caso, en la categoría '41' – '*Search Engines and Portals*' (motores de búsqueda y portales)

Ejemplo 3.7

```
msg="received a request /tmp/.ipsengine_536_0_0.url.socket, addr_len=37: d=c.bing.com:443,
id=516, cat=255, vfname='root', vfid=0, profile='default', type=1, client=192.168.11.100,
url_source=3, url="/"

msg="Cache miss" user="N/A" src=192.168.11.100 sport=50893 dst=13.107.21.200 dport=443
service="https" hostname="c.bing.com" url="/"

action=10(ftgd-block) wf-act=3(BLOCK) user="N/A" src=192.168.11.100 sport=50893
dst=13.107.21.200 dport=443 service="https" cat=41 hostname="c.bing.com" url="/"
```

En el último ejemplo podemos ver lo siguiente: '*http' traffic: url_source=1* , que identifica una cabecera HTTP. La URL es 'www.nytimes' y la categoría web es la 36, Noticias y media:

Ejemplo 3.8

```
msg="received a request /tmp/.ipsengine_536_0_0.url.socket, addr_len=37:
d=www.nytimes.com:80, id=548, cat=255, vfname='root', vfid=0, profile='default', type=0,
client=192.168.11.100, url_source=1, url="/favicon.ico"

msg="Cache miss" user="N/A" src=192.168.11.100 sport=50955 dst=151.101.53.164 dport=80
service="http" hostname="www.nytimes.com" url="/favicon.ico"
```

```
action=10(ftgd-block) wf-act=3(BLOCK) user="N/A" src=192.168.11.100 sport=50955
dst=151.101.53.164 dport=80 service="http" cat=36 hostname="www.nytimes.com"
url="/favicon.ico"
```

En el caso de que tengas interés en la lista completa de categorías, ésta puede ser encontrada en *docs.fortinet.com*.

Hay cuatro posibles valores para 'url_source':

- '0' (A) – Desconocido
- '1' (B) – Cabecera *HTP*
- '2' (C) – Nombre *SNI*
- '3' (D) – *Server Certificate CN Name*

Hay otra herramienta de diagnóstico disponible que nos permite mostrar o borrar los distintos tipos de caché:

Ejemplo 3.9

```
Forti # diagnose debug application urlfilter 1


1.    This menu

2.    Clear WF cache

3.    Display WF cache contents

4.    Display WF cache TTL list

5.    Display WF cache RCU info

6.    Display WF cache in tree format

7.    Toggle switch for dumping unrated packet

10.   Print debug values

11.   Clear Spam Filter cache

12.   Clear AV Query cache

13.   Toggle switch for dumping expired license packets

14.   Show running timers (except request timers)
```

```
144. Show running timers (including request timers)

15.   Send INIT requests.

16.   Display WF cache contents of prefix type

19.   Display object counts

20.   Display FTGD TCP stats

21.   Display FTGD quota list

22.   Reset all user quotas

99.   Restart the urlfilter daemon.


Debug levels:

Warning messages:            1   (0x001)

Block events:                2   (0x002)

Pass events:                 4   (0x004)

URL request events:          8   (0x008)

Cache events:               16   (0x010)

Prefix events:              32   (0x020)

Prefix delete subtree events: 64  (0x040)

Add after prefix events:    128 (0x080)

CMDB events:                256 (0x100)

DNS resolver messages:      512 (0x200)

Keyword search messages:   1024 (0x400)


forti # INIT request messages:     2048 (0x800)

Quota messages:            4096 (0x1000)

Per-user b/w list messages: 8192 (0x2000)



forti #
```

3.3 Antivirus

Mientras trabajamos con Fortigate nos podemos encontrar problemas con la propia acción de los antivirus. Recuerda, FortiGate puede trabajar en el modo de inspección *Flow* o *proxy*. Dependiendo de la configuración, podemos encontrar diferentes pasos en la manera en el que tráfico es procesado.

3.3.1 Flow-based inspection mode

Hay pros y contras entre los distintos modos de inspección y tendremos que elegir el que más nos convenga para nuestra situación particular. Para trabajar con el motor de Antivirus, el modo *Flow-based* es la primera elección debido a la aceleración hardware. Más abajo podemos ver la conexión a la página eicar.org, donde se puede verificar nuestro sistema de antivirus:

http://2016.eicar.org/download/eicar.com.txt

El archivo eicar.com.txt contiene un ejemplo de código *malware*, que debería hacer saltar la alarma. Fíjate como se envía el tráfico al motor de IPS para inspección:

Ejemplo 3.10

```
id=20085 trace_id=12 func=print_pkt_detail line=5497 msg="vd-root:0 received a
packet(proto=6, 172.16.1.100:50834->213.211.198.58:80) from port3. flag [S], seq 2009704943,
ack 0, win 8192"

id=20085 trace_id=12 func=init_ip_session_common line=5657 msg="allocate a new session-
00000d59"

id=20085 trace_id=12 func=vf_ip_route_input_common line=2591 msg="find a route:
flag=04000000 gw-172.16.10.254 via port1"

id=20085 trace_id=12 func=fw_forward_handler line=751 msg="Allowed by Policy-172: SNAT"

id=20085 trace_id=12 func=ids_receive line=285 msg="send to ips" <- flow-based inspection
mode

id=20085 trace_id=12 func=__ip_session_run_tuple line=3328 msg="SNAT 172.16.1.100-
>172.16.10.1:50834"
```

Si se quiere ver dicha inspección, ejecuta los siguientes comandos de diagnóstico:

Ejemplo 3.11

```
diagnose debug application scanunit -1
diagnose debug enable
```

Puedes ver los detalles de la inspección en el *output* siguiente:

- client N/A server N/A – en el modo de inspección *flow-based*, no puedes ver la dirección IP
- object_name 'eicar.com.txt' – el nombre del archivo a escanear
- extended – tipo de la base de datos (hay tres, normal, extendida y extrema – *extreme*-)
- scan file 'eicar.com.txt' – operación de escaneo
- scan result – '1' significa que se ha encontrado virus, '0' – no
- insert infection VIRUS SUCCEEDED…infection 1 – confirmación de que una infección ha sido encontrada

Ejemplo 3.12

```
su 620 job 97 open
su 620 req vfid 0 id 120 ep 0 new request, size 68
su 620 req vfid 0 id 120 ep 0 received; ack 97, data type: 2
su 620 job 97 request info:
su 620 job 97    client N/A server N/A
su 620 job 97    object_name 'eicar.com.txt'
su 620 enable databases 07 (core mmdb extended)
su 620 scan file 'eicar.com.txt' bytes 68
su 620 scan result 1
su 620 not wanted for analytics: analytics submission is disabled (m 0 r 1)
su 620 add VIRUS infection
```

```
su 620 insert infection VIRUS SUCCEEDED loc (nil) off 0 sz 0 at index 0 total infections 1
error 0

su 620 job 97 send result

su 620 job 97 close
```

3.3.2   Proxy-based inspection mode

El modo *proxy-based* es más lento, ya que no puede descargar la inspección a los ASICs. Recuerda que la efectividad en el escaneado es la misma, ya que el archivo entero es analizado en cualquiera de los modos ya mencionados (excepto en *Quick scan*).

En este caso, el archivo se envía a la capa de aplicación:

Ejemplo 3.13

```
id=20085 trace_id=21 func=print_pkt_detail line=5497 msg="vd-root:0 received a
packet(proto=6, 172.16.1.100:50894->213.211.198.58:80) from port3. flag [S], seq 3492115526,
ack 0, win 8192"

id=20085 trace_id=21 func=init_ip_session_common line=5657 msg="allocate a new session-
00000def"

id=20085 trace_id=21 func=vf_ip_route_input_common line=2591 msg="find a route:
flag=04000000 gw-172.16.10.254 via port1"

id=20085 trace_id=21 func=fw_forward_handler line=751 msg="Allowed by Policy-172: AV SNAT"

id=20085 trace_id=21 func=av_receive line=301 msg="send to application layer"<-proxy-based
inspection mode
```

En el modo proxy, se nos muestran más detalles:

- client/server – en este modo sí se ven las direcciones IPs del servidor y cliente
- object_name – nombre del objeto a escanear
- extended – tipo de la base de datos
- scan file 'eicar.com.txt' – proceso de escaneo
- scan result 1 – un virus fue encontrado
- infection VIRUS SUCCEEDED... infection 1 – confirmación de que un virus se ha hallado en el sistema

61

Ejemplo 3.14

```
su 620 job 114 open

su 620 req vfid 0 id 16 ep 0 new request, size 355

su 620 req vfid 0 id 16 ep 0 received; ack 114, data type: 0

su 620 job 114 request info:

su 620 job 114   client 172.16.1.100:50954 server 213.211.198.58:80

su 620 job 114   object_name 'eicar.com.txt'

su 620 enable databases 07 (core mmdb extended)

su 620 job 114 begin http scan

su 620 scan file 'eicar.com.txt' bytes 68

su 620 scan result 1

su 620 job 114 end http scan

su 620 job 114 virus 'EICAR_TEST_FILE' cat 0 file 'eicar.com.txt' sig 359205 vnameid 2172
checksum 6851cf3c size 68 sha
275a021bbfb6489e54d471899f7db9d1663fc695ec2fe2a2c4538aabf651fd0f av mon 0 quar 'n/a'
quar_skip 3

su 620 add VIRUS infection

su 620 insert infection VIRUS SUCCEEDED loc (nil) off 0 sz 0 at index 0 total infections 1
error 0

su 620 not wanted for analytics: analytics submission is disabled (m 0 r 1)

su 620 job 114 send result

su 620 job 114 close
```

3.4   IPS

Todas las inspecciones que usen el motor IPS se ejecutan en el modo *flow-based*. En el siguiente ejemplo podemos ver un intento de ataque mitigado precisamente por IPS. En el resultado del comando **diag debug flow**, se puede ver el mensaje enviar a IPS, *send to ips*:

Ejemplo 3.15

```
id=20085 trace_id=1 func=print_pkt_detail line=5497 msg="vd-root:0 received a
packet(proto=6, 172.16.10.254:57150->172.16.10.200:80) from port5. flag [S], seq 1783637709,
ack 0, win 29200"

id=20085 trace_id=1 func=init_ip_session_common line=5657 msg="allocate a new session-
00000744"

id=20085 trace_id=1 func=fw_pre_route_handler line=182 msg="VIP-10.2.20.100:80, outdev-
port5"

id=20085 trace_id=1 func=__ip_session_run_tuple line=3342 msg="DNAT 172.16.10.200:80-
>10.2.20.100:80"

id=20085 trace_id=1 func=vf_ip_route_input_common line=2591 msg="find a route: flag=04000000
gw-10.2.20.100 via port2"

id=20085 trace_id=1 func=fw_forward_handler line=751 msg="Allowed by Policy-28:"

id=20085 trace_id=1 func=ids_receive line=285 msg="send to ips" <- IPS security profile está
habilitado.
```

Es importante comprobar el motor IPS y los logs que genera. Ahora puedes ver como las amenazas son identificadas:

Ejemplo 3.16

```
diagnose debug application ipsengine -1

diagnose debug enable
```

En el siguiente *output* puedes ver:

- *Policy ID*
- client – cliente, dirección del ataque.
- *attack_id*
- *fds – FortiGuard Distribution Server attack ID*
- *log IPS ID*

Ejemplo 3.17

```
packet: vf:0 vrf:0 policy:28 view:0 size:204 from: client

(xlr--1) log request 1

attack_id=71036 app=0 client=1 opaque=0x2 dir=2

fds 71036

log ips 71036
```

Hay una herramienta más que nos puede ayudar en relación con el IPS *engine*. Debemos elegir cualquiera de las opciones para la acción deseada. Como es habitual, el uso del signo de interrogación '?' nos muestra una lista con todos los parámetros:

Ejemplo 3.18

```
forti # diagnose test application ipsmonitor ?

IPS Engine Test Usage:

    1: Display IPS engine information

    2: Toggle IPS engine enable/disable status

    3: Display restart log

    4: Clear restart log

    5: Toggle bypass status

    6: Submit attack characteristics now

   10: IPS queue length

   11: Clear IPS queue length

   12: IPS L7 socket statistics

   13: IPS session list

   14: IPS NTurbo statistics

   15: IPSA statistics

   18: Display session info cache
```

```
19: Clear session info cache

21: Reload FSA malicious URL database

22: Reload whitelist URL database

24: Display Flow AV statistics

25: Reset Flow AV statistics

96: Toggle IPS engines watchdog timer

97: Start all IPS engines

98: Stop all IPS engines

99: Restart all IPS engines and monitor


forti #
```

4 VPN

Fortigate cuenta con dos tipos de *VPNs, IPsec* y *SSL*. Existen varias diferencias entre ellos, desde la implementación hasta su distinto uso. Ipsec es un estándar RFC (o mejor, un conjunto de estos) y deberías poder establecer un tunel VPN sitio a sitio (site-to-site) entre distintos equipos (de diferentes marcas)

4.1 IPsec

Como puedes suponer, existen multitud de razones por las que una VPN no puede funcionar. Justo abajo describo un ejemplo sin ningún tipo de incidencia, para pasar a ver después algunos otros pero con errores. Analizaré el resultado del comando **diagnose debug** y mostraré los problemas más comunes junto con sus síntomas.

4.1.1 Ejemplo #1

Aqui podemos ver el resultado del comando **diagnose debug** y lo que debería mostrar si el túnel está levantado. En este caso, la configuración es correta:

Ejemplo 4.1

```
diagnose debug application ike 255

diagnose debug enable
```

Justo al principio deberias ver cómo se envían los paquetes iniciales:

Ejemplo 4.2

```
ike 0:VPNtoSite2:1: sent IKE msg (quick_i1send): 172.16.2.1:500->172.16.3.1:500, len=620,
id=78d8df4db8a62810/f36dccd009c4a966:ab5acdef

ike 0: comes 172.16.3.1:500->172.16.2.1:500,ifindex=4....
```

```
ike 0: IKEv1 exchange=Quick id=78d8df4db8a62810/f36dccd009c4a966:ab5acdef len=444

ike 0: in

...

ike 0:VPNtoSite2:1:VPNtoSite2:0: responder selectors 0:10.0.1.0/255.255.255.0:0-
>0:10.0.2.0/255.255.255.0:0
```

y aquí están "mis propuestas" (*my proposals*), que son los parametros en los que tenemos
que coincidir o aceptar para poder establecer con éxito la fase 1 *IKE*:

Ejemplo 4.3

```
ike 0:VPNtoSite2:1:VPNtoSite2:0: my proposal:

ike 0:VPNtoSite2:1:VPNtoSite2:0: proposal id = 1:

ike 0:VPNtoSite2:1:VPNtoSite2:0:    protocol id = IPSEC_ESP:

ike 0:VPNtoSite2:1:VPNtoSite2:0:    PFS DH group = 14

ike 0:VPNtoSite2:1:VPNtoSite2:0:       trans_id = ESP_AES_CBC (key_len = 128)

ike 0:VPNtoSite2:1:VPNtoSite2:0:       encapsulation = ENCAPSULATION_MODE_TUNNEL

ike 0:VPNtoSite2:1:VPNtoSite2:0:          type = AUTH_ALG, val=SHA1

ike 0:VPNtoSite2:1:VPNtoSite2:0:       trans_id = ESP_AES_CBC (key_len = 256)

ike 0:VPNtoSite2:1:VPNtoSite2:0:       encapsulation = ENCAPSULATION_MODE_TUNNEL

ike 0:VPNtoSite2:1:VPNtoSite2:0:          type = AUTH_ALG, val=SHA1

ike 0:VPNtoSite2:1:VPNtoSite2:0:       trans_id = ESP_AES_CBC (key_len = 128)

ike 0:VPNtoSite2:1:VPNtoSite2:0:       encapsulation = ENCAPSULATION_MODE_TUNNEL

ike 0:VPNtoSite2:1:VPNtoSite2:0:          type = AUTH_ALG, val=SHA2_256

ike 0:VPNtoSite2:1:VPNtoSite2:0:       trans_id = ESP_AES_CBC (key_len = 256)

ike 0:VPNtoSite2:1:VPNtoSite2:0:       encapsulation = ENCAPSULATION_MODE_TUNNEL

ike 0:VPNtoSite2:1:VPNtoSite2:0:          type = AUTH_ALG, val=SHA2_256

ike 0:VPNtoSite2:1:VPNtoSite2:0:       trans_id = ESP_AES_GCM_16 (key_len = 128)

ike 0:VPNtoSite2:1:VPNtoSite2:0:       encapsulation = ENCAPSULATION_MODE_TUNNEL

ike 0:VPNtoSite2:1:VPNtoSite2:0:          type = AUTH_ALG, val=NULL
```

```
ike 0:VPNtoSite2:1:VPNtoSite2:0:          trans_id = ESP_AES_GCM_16 (key_len = 256)

ike 0:VPNtoSite2:1:VPNtoSite2:0:          encapsulation = ENCAPSULATION_MODE_TUNNEL

ike 0:VPNtoSite2:1:VPNtoSite2:0:            type = AUTH_ALG, val=NULL

ike 0:VPNtoSite2:1:VPNtoSite2:0:          trans_id = ESP_CHACHA20_POLY1305 (key_len = 256)

ike 0:VPNtoSite2:1:VPNtoSite2:0:          encapsulation = ENCAPSULATION_MODE_TUNNEL

ike 0:VPNtoSite2:1:VPNtoSite2:0:            type = AUTH_ALG, val=NULL
```

Ahora, las distintas propuestas entrantes del VPN Gateway:

Ejemplo 4.4

```
ike 0:VPNtoSite2:1:VPNtoSite2:0: incoming proposal:

ike 0:VPNtoSite2:1:VPNtoSite2:0: proposal id = 1:

ike 0:VPNtoSite2:1:VPNtoSite2:0:    protocol id = IPSEC_ESP:

ike 0:VPNtoSite2:1:VPNtoSite2:0:    PFS DH group = 14

ike 0:VPNtoSite2:1:VPNtoSite2:0:        trans_id = ESP_AES_CBC (key_len = 128)

ike 0:VPNtoSite2:1:VPNtoSite2:0:        encapsulation = ENCAPSULATION_MODE_TUNNEL

ike 0:VPNtoSite2:1:VPNtoSite2:0:          type = AUTH_ALG, val=SHA1
```

y el resto de los mensajes Ipsec que se intercambian entre los VPN gateways:

Ejemplo 4.5

```
ike 0:VPNtoSite2: schedule auto-negotiate

ike 0:VPNtoSite2:1:VPNtoSite2:0: replay protection enabled

ike 0:VPNtoSite2:1:VPNtoSite2:0: SA life soft seconds=42900.

ike 0:VPNtoSite2:1:VPNtoSite2:0: SA life hard seconds=43200.

ike 0:VPNtoSite2:1:VPNtoSite2:0: IPsec SA selectors #src=1 #dst=1

ike 0:VPNtoSite2:1:VPNtoSite2:0: src 0 4 0:10.0.1.0/255.255.255.0:0 <- selectors son partes
de la fase 2
```

```
ike 0:VPNtoSite2:1:VPNtoSite2:0: dst 0 4 0:10.0.2.0/255.255.255.0:0 <- selectors son parte
de la fase 2

ike 0:VPNtoSite2:1:VPNtoSite2:0: add IPsec SA: SPIs=a846d30c/9b32fda3

ike 0:VPNtoSite2:1:VPNtoSite2:0: IPsec SA dec spi a846d30c key
16:3BB66576EF4EE16F50E84E496FFE3331 auth 20:E109F5462BEFB3886C4F16B0B4F485125B448C98

ike 0:VPNtoSite2:1:VPNtoSite2:0: IPsec SA enc spi 9b32fda3 key
16:BFB680134CD52DBFC80517D3B7D089E7 auth 20:81CAB5A55C9F45E326CE503E1A4056CF2868502F
```

Finalmente, la confirmación de que el tunel está "levantado" o *UP*:

Ejemplo 4.6

```
ike 0:VPNtoSite2:1:VPNtoSite2:0: added IPsec SA: SPIs=a846d30c/9b32fda3

ike 0:VPNtoSite2:1:VPNtoSite2:0: sending SNMP tunnel UP trap

ike 0:VPNtoSite2:1: enc
78D8DF4DB8A62810F36DCCD009C4A96608102001AB5ACDEF0000004000000024EB1236D547DCD5151A133E5D4D20
FC7EB0E3028704537083F63FC80DB98D56AD

ike 0:VPNtoSite2:1: out
78D8DF4DB8A62810F36DCCD009C4A96608102001AB5ACDEF0000004CEB35C332B0CE97FFD33B47DC27E62E3279D9
E232087CF1E1FA40C69EE6D14FA5843B858500618CF543266FF735ABE595
```

Esto es lo que veríamos desde el *gateway* remoto:

Ejemplo 4.7

```
ike 0: comes 172.16.2.1:500->172.16.3.1:500,ifindex=6....

ike 0: IKEv1 exchange=Quick id=78d8df4db8a62810/f36dccd009c4a966:ab5acdef len=620

...

ike 0:VPNtoSite1:0:0: responder received first quick-mode message

...

ike 0:VPNtoSite1:0:0: peer proposal is: peer:0:10.0.1.0-10.0.1.255:0, me:0:10.0.2.0-
10.0.2.255:0

ike 0:VPNtoSite1:0:VPNtoSite1:0: trying

ike 0:VPNtoSite1:0:VPNtoSite1:0: matched phase2
```

```
ike 0:VPNtoSite1:0:VPNtoSite1:0: autokey
```

Ahora vemos un par de propuestas enviadas, con multitud de algoritmos. He quitado algunos de ellos para favorecer la lectura:

Ejemplo 4.8

```
ike 0:VPNtoSite1:0:VPNtoSite1:0: my proposal:
ike 0:VPNtoSite1:0:VPNtoSite1:0: proposal id = 1:
ike 0:VPNtoSite1:0:VPNtoSite1:0:   protocol id = IPSEC_ESP:
ike 0:VPNtoSite1:0:VPNtoSite1:0:   PFS DH group = 14
ike 0:VPNtoSite1:0:VPNtoSite1:0:      trans_id = ESP_AES_CBC (key_len = 128)
ike 0:VPNtoSite1:0:VPNtoSite1:0:      encapsulation = ENCAPSULATION_MODE_TUNNEL
ike 0:VPNtoSite1:0:VPNtoSite1:0:         type = AUTH_ALG, val=SHA1
ike 0:VPNtoSite1:0:VPNtoSite1:0:      trans_id = ESP_AES_CBC (key_len = 256)
ike 0:VPNtoSite1:0:VPNtoSite1:0:      encapsulation = ENCAPSULATION_MODE_TUNNEL
ike 0:VPNtoSite1:0:VPNtoSite1:0:         type = AUTH_ALG, val=SHA1
...
ike 0:VPNtoSite1:0:VPNtoSite1:0: proposal id = 2:
ike 0:VPNtoSite1:0:VPNtoSite1:0:   protocol id = IPSEC_ESP:
ike 0:VPNtoSite1:0:VPNtoSite1:0:   PFS DH group = 5
ike 0:VPNtoSite1:0:VPNtoSite1:0:      trans_id = ESP_AES_CBC (key_len = 128)
ike 0:VPNtoSite1:0:VPNtoSite1:0:      encapsulation = ENCAPSULATION_MODE_TUNNEL
ike 0:VPNtoSite1:0:VPNtoSite1:0:         type = AUTH_ALG, val=SHA1
...
ike 0:VPNtoSite1:0:VPNtoSite1:0: incoming proposal:
ike 0:VPNtoSite1:0:VPNtoSite1:0: proposal id = 1:
ike 0:VPNtoSite1:0:VPNtoSite1:0:   protocol id = IPSEC_ESP:
ike 0:VPNtoSite1:0:VPNtoSite1:0:   PFS DH group = 14
ike 0:VPNtoSite1:0:VPNtoSite1:0:      trans_id = ESP_AES_CBC (key_len = 128)
```

```
ike 0:VPNtoSite1:0:VPNtoSite1:0:       encapsulation = ENCAPSULATION_MODE_TUNNEL

ike 0:VPNtoSite1:0:VPNtoSite1:0:           type = AUTH_ALG, val=SHA1
```

Finalmente, los resultados de la negociación y, otra vez, la confirmación de que el túnel funciona:

Ejemplo 4.9

```
ike 0:VPNtoSite1:0:VPNtoSite1:0: negotiation result

ike 0:VPNtoSite1:0:VPNtoSite1:0: proposal id = 1:

ike 0:VPNtoSite1:0:VPNtoSite1:0:     protocol id = IPSEC_ESP:

ike 0:VPNtoSite1:0:VPNtoSite1:0:     PFS DH group = 14

ike 0:VPNtoSite1:0:VPNtoSite1:0:        trans_id = ESP_AES_CBC (key_len = 128)

ike 0:VPNtoSite1:0:VPNtoSite1:0:        encapsulation = ENCAPSULATION_MODE_TUNNEL

ike 0:VPNtoSite1:0:VPNtoSite1:0:            type = AUTH_ALG, val=SHA1

ike 0:VPNtoSite1:0:VPNtoSite1:0: set pfs=MODP2048

ike 0:VPNtoSite1:0:VPNtoSite1:0: using tunnel mode.

ike 0:VPNtoSite1: schedule auto-negotiate

ike 0:VPNtoSite1:0:VPNtoSite1:0: replay protection enabled

ike 0:VPNtoSite1:0:VPNtoSite1:0: SA life soft seconds=42927.

ike 0:VPNtoSite1:0:VPNtoSite1:0: SA life hard seconds=43200.

ike 0:VPNtoSite1:0:VPNtoSite1:0: IPsec SA selectors #src=1 #dst=1

ike 0:VPNtoSite1:0:VPNtoSite1:0: src 0 7 0:10.0.2.0-10.0.2.255:0

ike 0:VPNtoSite1:0:VPNtoSite1:0: dst 0 7 0:10.0.1.0-10.0.1.255:0

ike 0:VPNtoSite1:0:VPNtoSite1:0: add IPsec SA: SPIs=9b32fda3/a846d30c

ike 0:VPNtoSite1:0:VPNtoSite1:0: IPsec SA dec spi 9b32fda3 key
16:BFB680134CD52DBFC80517D3B7D089E7 auth 20:81CAB5A55C9F45E326CE503E1A4056CF2868502F

ike 0:VPNtoSite1:0:VPNtoSite1:0: IPsec SA enc spi a846d30c key
16:3BB66576EF4EE16F50E84E496FFE3331 auth 20:E109F5462BEFB3886C4F16B0B4F485125B448C98

ike 0:VPNtoSite1:0:VPNtoSite1:0: added IPsec SA: SPIs=9b32fda3/a846d30c

ike 0:VPNtoSite1:0:VPNtoSite1:0: sending SNMP tunnel UP trap
```

Ahora nos correspondería comprobar o investigar que todos los túneles están establecidos y funcionando de manera correcta. Existen varios comandos que nos pueden ayudar a verificarlo. Algunos presentan más o menos la misma información, pero con distintos niveles de detalle:

Ejemplo 4.10

```
FG-A # diagnose vpn ike gateway list


vd: root/0  <- Nombre del VDOM

name: VPNtoSite2

version: 1

interface: port2 4

addr: 172.16.2.1:500 -> 172.16.3.1:500  <- IPs de los peers

created: 91s ago

IKE SA: created 2/2  established 2/2  time 0/10520/21040 ms

IPsec SA: created 1/1  established 1/1  time 0/0/0 ms


  id/spi: 7 f1d8ca6090b7d820/8363512edae52f5d

  direction: responder <- rol (initiator/responder)

  status: established 72-72s ago = 0ms

  proposal: aes256-sha1 <- Propuesta elegida

  key: 4be504c31e1d0928-8102a051492a07c6-b675e85229ef2bb0-4c9f618bd9e7053f

  lifetime/rekey: 86400/86057

  DPD sent/recv: 00000000/00000000


  id/spi: 4 65482aeeb7cb95ce/dcdb0f7817f1edd6

  direction: initiator

  status: established 91-70s ago = 21040ms

  proposal: aes256-sha1

  key: 865179f9b28494aa-1929b66e41e337bb-fdfa4dbc0de298ca-21dbe27b2cfbc310
```

```
   lifetime/rekey: 86400/86030

   DPD sent/recv: 00000000/00000000


FG-A #
```

Ejemplo 4.11

```
FG-A # diagnose vpn tunnel list

list all ipsec tunnel in vd 0

------------------------------------------------------

name=VPNtoSite2 ver=1 serial=1 172.16.2.1:0->172.16.3.1:0 <- Ips del peer

bound_if=4 lgwy=static/1 tun=intf/0 mode=auto/1 encap=none/0

proxyid_num=1 child_num=0 refcnt=12 ilast=18 olast=78 ad=/0

stat: rxp=8 txp=8 rxb=960 txb=480

dpd: mode=on-demand on=1 idle=20000ms retry=3 count=0 seqno=0 <- Detección de un Dead Peer

natt: mode=none draft=0 interval=0 remote_port=0

proxyid=VPNtoSite2 proto=0 sa=1 ref=2 serial=1

  src: 0:10.0.1.0/255.255.255.0:0 <- selectors

  dst: 0:10.0.2.0/255.255.255.0:0 <- selectors

  SA:   ref=3 options=10226 type=00 soft=0 mtu=1438 expire=42811/0B replaywin=2048

        seqno=9 esn=0 replaywin_lastseq=00000009 itn=0

  life: type=01 bytes=0/0 timeout=42902/43200

  dec: spi=ece57217 esp=aes key=16 7747288ff924a97c8754b3ff2c72837f

        ah=sha1 key=20 9be4eac54d718c03e24f013158a3087f5b564d5d

  enc: spi=9468e952 esp=aes key=16 44dccd823b56730473ed296fdf4f6433

        ah=sha1 key=20 f5d87b7372d179a357d28469e38fb915a147f1d0

  dec:pkts/bytes=8/480, enc:pkts/bytes=8/960


FG-A #
```

En los equipos con ASICs puedes verificar si IPSec está *offloaded*. Gracias a la aceleración de hardware, las distintas operaciones de encriptación y desencriptación se realizan de manera más rápida. Puedes ver algunas de las cuatro "banderas", señalizadores o *flags*:

- NPU_FLAG 00 – sin aceleración hardware
- NPU_FLAG 01 – sólo paquetes de salida
- NPU_FLAG 02 – sólo paquetes de entrada
- NPU_FLAG 03 – ambas direcciones, como en el siguiente ejemplo

Ejemplo 4.12

```
FG-A # diagnose vpn tunnel list

…

proxyid=partner02 proto=0 sa=1 ref=4 serial=10

  src: 0:192.168.10.0/255.255.255.0:0

  dst: 0:192.168.20.0/255.255.255.0:0

  SA:  ref=6 options=10026 type=00 soft=0 mtu=1446 expire=3249/0B replaywin=2048

       seqno=5 esn=0 replaywin_lastseq=00000001 itn=0

  life: type=01 bytes=0/0 timeout=3302/3600

  dec: spi=125b049f esp=3des key=24 d0931f2445a22f0d7bb750bccbe6aaa0264f2cea8690ab4c

       ah=md5 key=16 1734ee046f3261edd9d63086616b34e6

  enc: spi=c98985c6 esp=3des key=24 b3b6c06347aa3576ca41382ca6f16c3e6ed1fa9ab7e2ab9a

       ah=md5 key=16 9df84f05105fe16136ff0858f2ae7977

  dec:pkts/bytes=1/31, enc:pkts/bytes=4/992

  npu_flag=03 npu_rgwy=10.20.3.1 npu_lgwy=10.20.1.1 npu_selid=122 dec_npuid=2 enc_npuid=2
```

El commando **get vpn ipsec tunnel details** es el que más información ofrece. Puedes ver el nombre del túnel, el tipo (si enrutado o basado en política -*route* o *policy based*), versión IKE, la Ip del *GW* remoto y local, selectores, números de paquetes, etc:

Ejemplo 4.13

```
FG-A # get vpn ipsec tunnel details


gateway
  name: 'VPNtoSite2'

  type: route-based

  local-gateway: 172.16.2.1:0 (static)

  remote-gateway: 172.16.3.1:0 (static)

  mode: ike-v1

  interface: 'port2' (4)

  rx  packets: 8  bytes: 960  errors: 0

  tx  packets: 8  bytes: 480  errors: 52

  dpd: on-demand/negotiated  idle: 20000ms  retry: 3  count: 0

  selectors
    name: 'VPNtoSite2'

    auto-negotiate: disable

    mode: tunnel

    src: 0:10.0.1.0/255.255.255.0:0

    dst: 0:10.0.2.0/255.255.255.0:0

    SA
      lifetime/rekey: 43200/42789

      mtu: 1438

      tx-esp-seq: 9

      replay: enabled

      inbound
        spi: ece57217

        enc:  aes-cb  7747288ff924a97c8754b3ff2c72837f

        auth:  sha1  9be4eac54d718c03e24f013158a3087f5b564d5d

      outbound
```

```
        spi:  9468e952

        enc:   aes-cb   44dccd823b56730473ed296fdf4f6433

        auth:   sha1   f5d87b7372d179a357d28469e38fb915a147f1d0



FG-A #
```

Ejemplo 4.14

```
FG-A # get vpn ike gateway


vd: root/0  <- Nombre del VDOM

name: VPNtoSite2

version: 1

interface: port2 4

addr: 172.16.2.1:500 -> 172.16.3.1:500 <- IPs del peer

created: 214s ago

IKE SA  created: 2/2  established: 2/2  time: 0/10520/21040 ms

IPsec SA  created: 1/1  established: 1/1  time: 0/0/0 ms


  id/spi: 7 f1d8ca6090b7d820/8363512edae52f5d

  direction: responder

  status: established 196-196s ago = 0ms

  proposal: aes-256-sha1

  key: 4be504c31e1d0928-8102a051492a07c6-b675e85229ef2bb0-4c9f618bd9e7053f

  lifetime/rekey: 86400/85933

  DPD sent/recv: 00000000/00000000


  id/spi: 4 65482aeeb7cb95ce/dcdb0f7817f1edd6

  direction: initiator

  status: established 214-193s ago = 21040ms
```

```
  proposal: aes-256-sha1

  key: 865179f9b28494aa-1929b66e41e337bb-fdfa4dbc0de298ca-21dbe27b2cfbc310

  lifetime/rekey: 86400/85906

  DPD sent/recv: 00000000/00000000


FG-A #
```

Ejecutando el commando get vpn ipsec stats crypto, podemos verificar qué tipo de encriptación y protocolos de integridad (*integrity protocols*) son usados por los túneles Ipsec:

Ejemplo 4.15

```
FG-A # get vpn ipsec stats crypto

IPsec crypto devices in use:
SOFTWARE:
    Encryption (encrypted/decrypted)
        null      : 0              0
        des       : 0              0
        3des      : 0              0
        aes-cbc   : 105            105
        aes-gcm   : 0              0
        aria      : 0              0
        seed      : 0              0
        chacha20poly1305: 0              0
    Integrity (generated/validated)
        null      : 0              0
        md5       : 0              0
        sha1      : 105            105
        sha256    : 0              0
```

77

```
        sha384   : 0              0
        sha512   : 0              0
```

Ahora podemos ver un resumen de todos los túneles VPN, cuáles están funcionando y los que no (*UP* o *DOWN*), paquetes enviados, recibidos y número de errores:

Ejemplo 4.16

```
FG-A # get vpn ipsec tunnel summary
'VPNtoSite2' 172.16.3.1:0  selectors(total,up): 1/1  rx(pkt,err): 148/0  tx(pkt,err): 148/58

FG-A #
```

4.1.2   Ejemplo #2 – pre-share secret mismatch

Analicemos un caso con dos llaves pre-compartidas distintas entre los dos extremos VPN o *peers*.

Usaremos los mismos comandos de diagnóstico en todos los ejemplos de *Ipsec*:

Ejemplo 4.17

```
diagnose debug application ike 255
diagnose debug enable
```

Durante la negociación, después del tercer mensaje (en modo principal -*main mode*-) encontraremos un error:

Ejemplo 4.18

```
ike 0:VPNtoSite2:5: responder: main mode get 3rd message...
```

```
ike 0:VPNtoSite2:5: dec
8D33C208E4180CC186CF5460271284BE051002010000000000000006C374EF1D9EB7FD496DF3ACBB4BF7BEED6E96C
72B91D5E2F00793A486009143DA1DF74B00E76A4B6A9079BEE32F71C3CC4028BDADAFD9EFAEB8722D68D5BD4347D
935036359C23CD829525FF3997C0017A

ike 0:VPNtoSite2:5: parse error

ike 0:VPNtoSite2:5: probable pre-shared secret mismatch

ike 0:VPNtoSite2:5: out
```

Mismo mensaje de error en el segundo *peer*:

Ejemplo 4.19

```
ike 0:VPNtoSite1:5: responder: main mode get 3rd message...

ike 0:VPNtoSite1:5: dec
8CAE2CD4115F8D82516EFFDABD6910FE051002010000000000000006C35B80DD5E26EA651BE8BD4669FFBC18FF0F9
C6C2762ECA947051DF4855C52DB79E4C9B3946284C640AF321490B514CF3762A30A7FCD174F405FC040AA81840A9
BEBB109CC81D99CD3DBDA039D7999AD4

ike 0:VPNtoSite1:5: parse error

ike 0:VPNtoSite1:5: probable pre-shared secret mismatch

ike 0:VPNtoSite1:5: out
```

4.1.3   Ejemplo #3 – phase1 mismatch settings (authentication, encryption)

Se pueden definir varios tipos de propuestas en la fase 1, pero al menos una debe coincidir entre los dos *peers*. Aquí hemos establecido distintas propuestas en el *peer remote*, todas ellas con diferente tipo de encriptación, algoritmo de autenticación y grupos *Diffie-hellman*:

Ejemplo 4.20

```
ike 0:8caa9bb556788b3e/0000000000000000:18: incoming proposal:

ike 0:8caa9bb556788b3e/0000000000000000:18: proposal id = 0:

ike 0:8caa9bb556788b3e/0000000000000000:18:   protocol id = ISAKMP:
```

```
ike 0:8caa9bb556788b3e/0000000000000000:18:          trans_id = KEY_IKE.

ike 0:8caa9bb556788b3e/0000000000000000:18:          encapsulation = IKE/none

ike 0:8caa9bb556788b3e/0000000000000000:18:             type=OAKLEY_ENCRYPT_ALG, val=AES_CBC,
key-len=128

ike 0:8caa9bb556788b3e/0000000000000000:18:             type=OAKLEY_HASH_ALG, val=SHA2_256.

ike 0:8caa9bb556788b3e/0000000000000000:18:             type=AUTH_METHOD, val=PRESHARED_KEY.

ike 0:8caa9bb556788b3e/0000000000000000:18:             type=OAKLEY_GROUP, val=MODP2048.

ike 0:8caa9bb556788b3e/0000000000000000:18: ISAKMP SA lifetime=86400

ike 0:8caa9bb556788b3e/0000000000000000:18: proposal id = 0:

ike 0:8caa9bb556788b3e/0000000000000000:18:   protocol id = ISAKMP:

ike 0:8caa9bb556788b3e/0000000000000000:18:          trans_id = KEY_IKE.

ike 0:8caa9bb556788b3e/0000000000000000:18:          encapsulation = IKE/none

ike 0:8caa9bb556788b3e/0000000000000000:18:             type=OAKLEY_ENCRYPT_ALG, val=AES_CBC,
key-len=128

ike 0:8caa9bb556788b3e/0000000000000000:18:             type=OAKLEY_HASH_ALG, val=SHA2_256.

ike 0:8caa9bb556788b3e/0000000000000000:18:             type=AUTH_METHOD, val=PRESHARED_KEY.

ike 0:8caa9bb556788b3e/0000000000000000:18:             type=OAKLEY_GROUP, val=MODP1536.

ike 0:8caa9bb556788b3e/0000000000000000:18: ISAKMP SA lifetime=86400

ike 0:8caa9bb556788b3e/0000000000000000:18: proposal id = 0:

ike 0:8caa9bb556788b3e/0000000000000000:18:   protocol id = ISAKMP:

ike 0:8caa9bb556788b3e/0000000000000000:18:          trans_id = KEY_IKE.

ike 0:8caa9bb556788b3e/0000000000000000:18:          encapsulation = IKE/none

ike 0:8caa9bb556788b3e/0000000000000000:18:             type=OAKLEY_ENCRYPT_ALG, val=AES_CBC,
key-len=256

ike 0:8caa9bb556788b3e/0000000000000000:18:             type=OAKLEY_HASH_ALG, val=SHA2_256.

ike 0:8caa9bb556788b3e/0000000000000000:18:             type=AUTH_METHOD, val=PRESHARED_KEY.

ike 0:8caa9bb556788b3e/0000000000000000:18:             type=OAKLEY_GROUP, val=MODP2048.

ike 0:8caa9bb556788b3e/0000000000000000:18: ISAKMP SA lifetime=86400

ike 0:8caa9bb556788b3e/0000000000000000:18: proposal id = 0:

ike 0:8caa9bb556788b3e/0000000000000000:18:   protocol id = ISAKMP:

ike 0:8caa9bb556788b3e/0000000000000000:18:          trans_id = KEY_IKE.
```

```
ike 0:8caa9bb556788b3e/0000000000000000:18:          encapsulation = IKE/none

ike 0:8caa9bb556788b3e/0000000000000000:18:             type=OAKLEY_ENCRYPT_ALG, val=AES_CBC,
key-len=256

ike 0:8caa9bb556788b3e/0000000000000000:18:             type=OAKLEY_HASH_ALG, val=SHA2_256.

ike 0:8caa9bb556788b3e/0000000000000000:18:             type=AUTH_METHOD, val=PRESHARED_KEY.

ike 0:8caa9bb556788b3e/0000000000000000:18:             type=OAKLEY_GROUP, val=MODP1536.

ike 0:8caa9bb556788b3e/0000000000000000:18: ISAKMP SA lifetime=86400

ike 0:8caa9bb556788b3e/0000000000000000:18: proposal id = 0:

ike 0:8caa9bb556788b3e/0000000000000000:18:   protocol id = ISAKMP:

ike 0:8caa9bb556788b3e/0000000000000000:18:      trans_id = KEY_IKE.

ike 0:8caa9bb556788b3e/0000000000000000:18:      encapsulation = IKE/none

ike 0:8caa9bb556788b3e/0000000000000000:18:             type=OAKLEY_ENCRYPT_ALG, val=AES_CBC,
key-len=128

ike 0:8caa9bb556788b3e/0000000000000000:18:             type=OAKLEY_HASH_ALG, val=SHA.

ike 0:8caa9bb556788b3e/0000000000000000:18:             type=AUTH_METHOD, val=PRESHARED_KEY.

ike 0:8caa9bb556788b3e/0000000000000000:18:             type=OAKLEY_GROUP, val=MODP2048.

ike 0:8caa9bb556788b3e/0000000000000000:18: ISAKMP SA lifetime=86400

ike 0:8caa9bb556788b3e/0000000000000000:18: proposal id = 0:

ike 0:8caa9bb556788b3e/0000000000000000:18:   protocol id = ISAKMP:

ike 0:8caa9bb556788b3e/0000000000000000:18:      trans_id = KEY_IKE.

ike 0:8caa9bb556788b3e/0000000000000000:18:      encapsulation = IKE/none

ike 0:8caa9bb556788b3e/0000000000000000:18:             type=OAKLEY_ENCRYPT_ALG, val=AES_CBC,
key-len=128

ike 0:8caa9bb556788b3e/0000000000000000:18:             type=OAKLEY_HASH_ALG, val=SHA.

ike 0:8caa9bb556788b3e/0000000000000000:18:             type=AUTH_METHOD, val=PRESHARED_KEY.

ike 0:8caa9bb556788b3e/0000000000000000:18:             type=OAKLEY_GROUP, val=MODP1536.

ike 0:8caa9bb556788b3e/0000000000000000:18: ISAKMP SA lifetime=86400

ike 0:8caa9bb556788b3e/0000000000000000:18: proposal id = 0:

ike 0:8caa9bb556788b3e/0000000000000000:18:   protocol id = ISAKMP:

ike 0:8caa9bb556788b3e/0000000000000000:18:      trans_id = KEY_IKE.

ike 0:8caa9bb556788b3e/0000000000000000:18:      encapsulation = IKE/none
```

```
ike 0:8caa9bb556788b3e/0000000000000000:18:                type=OAKLEY_ENCRYPT_ALG, val=AES_CBC,
key-len=256

ike 0:8caa9bb556788b3e/0000000000000000:18:                type=OAKLEY_HASH_ALG, val=SHA.

ike 0:8caa9bb556788b3e/0000000000000000:18:                type=AUTH_METHOD, val=PRESHARED_KEY.

ike 0:8caa9bb556788b3e/0000000000000000:18:                type=OAKLEY_GROUP, val=MODP2048.

ike 0:8caa9bb556788b3e/0000000000000000:18: ISAKMP SA lifetime=86400

ike 0:8caa9bb556788b3e/0000000000000000:18: proposal id = 0:

ike 0:8caa9bb556788b3e/0000000000000000:18:   protocol id = ISAKMP:

ike 0:8caa9bb556788b3e/0000000000000000:18:      trans_id = KEY_IKE.

ike 0:8caa9bb556788b3e/0000000000000000:18:      encapsulation = IKE/none

ike 0:8caa9bb556788b3e/0000000000000000:18:                type=OAKLEY_ENCRYPT_ALG, val=AES_CBC,
key-len=256

ike 0:8caa9bb556788b3e/0000000000000000:18:                type=OAKLEY_HASH_ALG, val=SHA.

ike 0:8caa9bb556788b3e/0000000000000000:18:                type=AUTH_METHOD, val=PRESHARED_KEY.

ike 0:8caa9bb556788b3e/0000000000000000:18:                type=OAKLEY_GROUP, val=MODP1536.

ike 0:8caa9bb556788b3e/0000000000000000:18: ISAKMP SA lifetime=86400
```

En el equipo local, sólo hay dos propuestas definidas:

Ejemplo 4.21

```
ike 0:8caa9bb556788b3e/0000000000000000:18: my proposal, gw VPNtoSite2:

ike 0:8caa9bb556788b3e/0000000000000000:18: proposal id = 1:

ike 0:8caa9bb556788b3e/0000000000000000:18:   protocol id = ISAKMP:

ike 0:8caa9bb556788b3e/0000000000000000:18:      trans_id = KEY_IKE.

ike 0:8caa9bb556788b3e/0000000000000000:18:      encapsulation = IKE/none

ike 0:8caa9bb556788b3e/0000000000000000:18:                type=OAKLEY_ENCRYPT_ALG, val=3DES_CBC.

ike 0:8caa9bb556788b3e/0000000000000000:18:                type=OAKLEY_HASH_ALG, val=SHA.

ike 0:8caa9bb556788b3e/0000000000000000:18:                type=AUTH_METHOD, val=PRESHARED_KEY.

ike 0:8caa9bb556788b3e/0000000000000000:18:                type=OAKLEY_GROUP, val=ECP256BP.

ike 0:8caa9bb556788b3e/0000000000000000:18: ISAKMP SA lifetime=86400
```

```
ike 0:8caa9bb556788b3e/0000000000000000:18: proposal id = 1:
ike 0:8caa9bb556788b3e/0000000000000000:18:   protocol id = ISAKMP:
ike 0:8caa9bb556788b3e/0000000000000000:18:     trans_id = KEY_IKE.
ike 0:8caa9bb556788b3e/0000000000000000:18:     encapsulation = IKE/none
ike 0:8caa9bb556788b3e/0000000000000000:18:       type=OAKLEY_ENCRYPT_ALG, val=3DES_CBC.
ike 0:8caa9bb556788b3e/0000000000000000:18:       type=OAKLEY_HASH_ALG, val=SHA.
ike 0:8caa9bb556788b3e/0000000000000000:18:       type=AUTH_METHOD, val=PRESHARED_KEY.
ike 0:8caa9bb556788b3e/0000000000000000:18:       type=OAKLEY_GROUP, val=MODP1024.
ike 0:8caa9bb556788b3e/0000000000000000:18: ISAKMP SA lifetime=86400
```

pero la negociación falla porque ninguna de dichas propuestas coincide:

Ejemplo 4.22

```
ike 0:8caa9bb556788b3e/0000000000000000:18: negotiation failure
ike Negotiate ISAKMP SA Error: ike 0:8caa9bb556788b3e/0000000000000000:18: no SA proposal chosen
ike 0:VPNtoSite2:16: out
```

Nos encontramos con el mismo error en los dos equipos:

Ejemplo 4.23

```
ike 0:3b98b3df3773badd/0000000000000000:11: negotiation failure
ike Negotiate ISAKMP SA Error: ike 0:3b98b3df3773badd/0000000000000000:11: no SA proposal chosen
```

4.1.4   Ejemplo #4 – phase2 mismatch settings (selectors)

En el siguiente caso, hemos configurado la fase 2 de manera diferente sin que haya ninguna coincidencia en los *selectors*. En algunos casos podemos no ver el mismo mensaje de error en los dos equipos, como sí pasó anteriormente. Para tener una mejor idea de cuál puede ser el problema, es importante tener acceso a los resultados de los comandos de diagnóstico en ambos equipos.

A continuación no se nos muestra cuál es la razón por la que el túnel no se levanta. Vemos multitud de retransmisiones y fallo en la negociación final debido a un *timeout* (vencimiento del tiempo de espera):

Ejemplo 4.24

```
ike 0:VPNtoSite2:2:VPNtoSite2:0: initiator selectors 0 0:10.0.1.0/255.255.255.0:0:0-
>0:10.0.0.0/255.255.0.0:0:0

...

ike 0:VPNtoSite2:2: sent IKE msg (quick_i1send): 172.16.2.1:500->172.16.3.1:500, len=604,
id=9e6ada64545c397c/96ab648c446fa614:fd0a04e2

ike 0:VPNtoSite2:2: out

...

ike 0:VPNtoSite2:2: sent IKE msg (P2_RETRANSMIT): 172.16.2.1:500->172.16.3.1:500, len=604,
id=9e6ada64545c397c/96ab648c446fa614:fd0a04e2

ike 0:VPNtoSite2:VPNtoSite2: IPsec SA connect 4 172.16.2.1->172.16.3.1:0

ike 0:VPNtoSite2:VPNtoSite2: using existing connection

ike 0:VPNtoSite2:VPNtoSite2: config found

ike 0:VPNtoSite2: request is on the queue

ike 0:VPNtoSite2:2: out

...

ike 0:VPNtoSite2:2: sent IKE msg (P2_RETRANSMIT): 172.16.2.1:500->172.16.3.1:500, len=604,
id=9e6ada64545c397c/96ab648c446fa614:fd0a04e2

ike 0:VPNtoSite2:VPNtoSite2: IPsec SA connect 4 172.16.2.1->172.16.3.1:0

ike 0:VPNtoSite2:VPNtoSite2: using existing connection

ike 0:VPNtoSite2:VPNtoSite2: config found

ike 0:VPNtoSite2: request is on the queue

ike shrank heap by 155648 bytes

ike 0:VPNtoSite2:2: out
```

```
...

ike 0:VPNtoSite2:2: sent IKE msg (P2_RETRANSMIT): 172.16.2.1:500->172.16.3.1:500, len=604,
id=9e6ada64545c397c/96ab648c446fa614:fd0a04e2

ike 0:VPNtoSite2:VPNtoSite2: IPsec SA connect 4 172.16.2.1->172.16.3.1:0

ike 0:VPNtoSite2:VPNtoSite2: using existing connection

ike 0:VPNtoSite2:VPNtoSite2: config found

ike 0:VPNtoSite2: request is on the queue

ike 0:VPNtoSite2:VPNtoSite2: IPsec SA connect 4 172.16.2.1->172.16.3.1:0

ike 0:VPNtoSite2:VPNtoSite2: using existing connection

ike 0:VPNtoSite2:VPNtoSite2: config found

ike 0:VPNtoSite2: request is on the queue

ike 0:VPNtoSite2:VPNtoSite2: IPsec SA connect 4 172.16.2.1->172.16.3.1:0

ike 0:VPNtoSite2:VPNtoSite2: using existing connection

ike 0:VPNtoSite2:VPNtoSite2: config found

ike 0:VPNtoSite2: request is on the queue

ike 0:VPNtoSite2:VPNtoSite2: IPsec SA connect 4 172.16.2.1->172.16.3.1:0

ike 0:VPNtoSite2:VPNtoSite2: using existing connection

ike 0:VPNtoSite2:VPNtoSite2: config found

ike 0:VPNtoSite2: request is on the queue

ike 0:VPNtoSite2:2: out

...

ike 0:VPNtoSite2:2:VPNtoSite2:0: quick-mode negotiation failed due to retry timeout

ike 0:VPNtoSite2:2: send IKE SA delete 9e6ada64545c397c/96ab648c446fa614

...

ike 0:VPNtoSite2:2: sent IKE msg (ISAKMP SA DELETE-NOTIFY): 172.16.2.1:500->172.16.3.1:500,
len=92,
```

En el equipo remoto, la situación está clara, no hay configuración coincidente para la fase
2.

Ejemplo 4.25

```
ike 0:VPNtoSite1:0:0: peer proposal is: peer:0:10.0.1.0-10.0.1.255:0, me:0:10.0.0.0-
10.0.255.255:0

ike 0:VPNtoSite1:0:VPNtoSite1:0: trying

ike 0:VPNtoSite1:0:0: specified selectors mismatch

ike 0:VPNtoSite1:0:0: peer: type=7/7, local=0:10.0.0.0-10.0.255.255:0, remote=0:10.0.1.0-
10.0.1.255:0

ike 0:VPNtoSite1:0:0: mine: type=7/7, local=0:10.0.2.0-10.0.2.255:0, remote=0:10.0.1.0-
10.0.1.255:0

ike 0:VPNtoSite1:0:0: no matching phase2 found

ike 0:VPNtoSite1:0:0: failed to get responder proposal

ike 0:VPNtoSite1:0: error processing quick-mode message from 172.16.2.1 as responder
```

4.1.5   Ejemplo #5 – mismatch IKE mode (aggressive vs main mode)

Ahora nos vamos a encontrar en una situación en la que cada equipo se ha definido en
distintos modos: agresivo y principal (*aggressive* y *main mode*). Del resultado del *debug*
podemos ver que los dos *peers* (el que inicia el diálogo y el que responde), envían mensajes
de modos distintos. No nos vamos a encontrar con un mensaje directo que nos diga que el
problema puede residir en los distintos modos IKE, pero sí deberíamos saber ya que son
incompatibles.

Ejemplo 4.26

```
ike 0:VPNtoSite2: created connection: 0xac23f90 4 172.16.2.1->172.16.3.1:500.

ike 0:VPNtoSite2:73: initiator: aggressive mode is sending 1st message...

ike 0:VPNtoSite2:73: cookie ca47838269cffba8/0000000000000000

ike 0:VPNtoSite2:73: out

...

ike 0:6f34831743d2e87d/0000000000000000:74: responder: main mode get 1st message...

ike 0:6f34831743d2e87d/0000000000000000:74: VID RFC 3947 4A131C81070358455C5728F20E95452F
```

```
ike 0:6f34831743d2e87d/0000000000000000:74: VID draft-ietf-ipsec-nat-t-ike-03
7D9419A65310CA6F2C179D9215529D56

ike 0:6f34831743d2e87d/0000000000000000:74: VID draft-ietf-ipsec-nat-t-ike-02
CD60464335DF21F87CFDB2FC68B6A448

ike 0:6f34831743d2e87d/0000000000000000:74: VID draft-ietf-ipsec-nat-t-ike-02\n
90CB80913EBB696E086381B5EC427B1F

ike 0:6f34831743d2e87d/0000000000000000:74: VID draft-ietf-ipsec-nat-t-ike-01
16F6CA16E4A4066D83821A0F0AEAA862

ike 0:6f34831743d2e87d/0000000000000000:74: VID draft-ietf-ipsec-nat-t-ike-00
4485152D18B6BBCD0BE8A8469579DDCC

ike 0:6f34831743d2e87d/0000000000000000:74: VID DPD AFCAD71368A1F1C96B8696FC77570100

ike 0:6f34831743d2e87d/0000000000000000:74: VID FRAGMENTATION
4048B7D56EBCE88525E7DE7F00D6C2D3

ike 0:6f34831743d2e87d/0000000000000000:74: VID FRAGMENTATION
4048B7D56EBCE88525E7DE7F00D6C2D3C0000000

ike 0:6f34831743d2e87d/0000000000000000:74: VID FORTIGATE 8299031757A36082C6A621DE00000000

ike 0:6f34831743d2e87d/0000000000000000:74: incoming proposal:

ike 0:6f34831743d2e87d/0000000000000000:74: proposal id = 0:

ike 0:6f34831743d2e87d/0000000000000000:74:    protocol id = ISAKMP:

ike 0:6f34831743d2e87d/0000000000000000:74:      trans_id = KEY_IKE.

ike 0:6f34831743d2e87d/0000000000000000:74:      encapsulation = IKE/none

ike 0:6f34831743d2e87d/0000000000000000:74:         type=OAKLEY_ENCRYPT_ALG, val=AES_CBC,
key-len=128

ike 0:6f34831743d2e87d/0000000000000000:74:         type=OAKLEY_HASH_ALG, val=SHA2_256.

ike 0:6f34831743d2e87d/0000000000000000:74:         type=AUTH_METHOD, val=PRESHARED_KEY.

ike 0:6f34831743d2e87d/0000000000000000:74:         type=OAKLEY_GROUP, val=MODP2048.

ike 0:6f34831743d2e87d/0000000000000000:74: ISAKMP SA lifetime=86400

...

ike 0:6f34831743d2e87d/0000000000000000:74: negotiation failure

ike Negotiate ISAKMP SA Error: ike 0:6f34831743d2e87d/0000000000000000:74: no SA proposal
chosen

ike 0:VPNtoSite2:73: out

...
```

```
ike 0:6eb68188e496a23e/0000000000000000:77: negotiation failure

ike Negotiate ISAKMP SA Error: ike 0:6eb68188e496a23e/0000000000000000:77: no SA proposal
chosen

ike 0:VPNtoSite2:73: negotiation timeout, deleting

ike 0:VPNtoSite2: connection expiring due to phase1 down

ike 0:VPNtoSite2: deleting

ike 0:VPNtoSite2: deleted
```

En el equipo remoto nos vamos a encontrar más o menos con la misma información:

Ejemplo 4.27

```
ike 0: IKEv1 exchange=Aggressive id=6073e68743de1d8d/0000000000000000 len=600

ike 0: in

...

ike 0:6073e68743de1d8d/0000000000000000:72: responder: aggressive mode get 1st message...

...

ike 0::72: peer identifier IPV4_ADDR 172.16.2.1

ike 0: IKEv1 Aggressive, comes 172.16.2.1:500->172.16.3.1 6

...

ike 0:6073e68743de1d8d/0000000000000000:72: negotiation failure

ike Negotiate ISAKMP SA Error: ike 0:6073e68743de1d8d/0000000000000000:72: no SA proposal
chosen

ike 0:VPNtoSite1:68: negotiation timeout, deleting

ike 0:VPNtoSite1: connection expiring due to phase1 down

ike 0:VPNtoSite1: deleting

ike 0:VPNtoSite1: deleted
```

Como probablemente has podido notar, el error *no SA proposal chosen* es el mismo,
resultado cuando no hay *proposals* coincidentes, como se ven en el paso #3. La principal

diferencia aquí es el mensaje entre los modos, que nos debería ayudar para detectar cuál es el problema.

4.1.6   Ejemplo 6 – mismatch IKE versions (IKEv1 vs IKEv2)

En el último caso tenemos al equipo local con IKEv1 y al remoto con IKEv2. No hay compatilbiad entre ellos y no se pueden "entender". Como puedes ver, no hay un error con un mensaje claro que nos pueda ayudar aquí. Hay diferentes versiones IKE, pero necesitamos comprobar el *output* del *debug* de los dos dispositivos.

En el primer *peer*, podemos ver intercambio de IKEv1 e información sobre el *main mode*. Sabemos que es IKEv1 ya que no hay modo agresivo o *main* en IKEv2:

Ejemplo 4.28

```
ike 0: comes 172.16.3.1:500->172.16.2.1:500,ifindex=4....

ike 0: IKEv1 exchange=Identity Protection id=f011e9c959d3700d/0000000000000000 len=572

...

ike 0:f011e9c959d3700d/0000000000000000:18: responder: main mode get 1st message...

...

ike 0:f011e9c959d3700d/0000000000000000:18: negotiation failure

ike Negotiate ISAKMP SA Error: ike 0:f011e9c959d3700d/0000000000000000:18: no SA proposal
chosen

...

ike 0:675cd875521d8142/0000000000000000:20: responder: main mode get 1st message...

...

ike 0:675cd875521d8142/0000000000000000:20: negotiation failure

ike Negotiate ISAKMP SA Error: ike 0:675cd875521d8142/0000000000000000:20: no SA proposal
chosen
```

En el otro equipo, comprobamos que tiene IKEv2, incompatible con IKEv1::

Ejemplo 4.29

```
ike 0: comes 172.16.2.1:500->172.16.3.1:500,ifindex=6....

ike 0: IKEv2 exchange=SA_INIT id=34749d2fbdbbd41c/0000000000000000 len=632

...

ike 0:34749d2fbdbbd41c/0000000000000000:21: incoming proposal:

ike 0:34749d2fbdbbd41c/0000000000000000:21: proposal id = 1:

ike 0:34749d2fbdbbd41c/0000000000000000:21:    protocol = IKEv2:

ike 0:34749d2fbdbbd41c/0000000000000000:21:       encapsulation = IKEv2/none

ike 0:34749d2fbdbbd41c/0000000000000000:21:          type=ENCR, val=AES_CBC (key_len = 128)

ike 0:34749d2fbdbbd41c/0000000000000000:21:          type=INTEGR, val=AUTH_HMAC_SHA2_256_128

ike 0:34749d2fbdbbd41c/0000000000000000:21:          type=PRF, val=PRF_HMAC_SHA2_256

ike 0:34749d2fbdbbd41c/0000000000000000:21:          type=DH_GROUP, val=MODP2048.

ike 0:34749d2fbdbbd41c/0000000000000000:21:          type=DH_GROUP, val=MODP1536.

...

ike 0:34749d2fbdbbd41c/0000000000000000:23: no proposal chosen

ike Negotiate SA Error: ike ike   [10132]

ike 0:VPNtoSite1:19: negotiation timeout, deleting

ike 0:VPNtoSite1: connection expiring due to phase1 down

ike 0:VPNtoSite1: deleting

ike 0:VPNtoSite1: deleted
```

4.2   SSL-VPN

SSL VPN es más utilizado para acceso remoto que Ipsec. Aquí también nos encontramos
con dos modos distintos: *web* y *tunnel*. Para el primero, necesitamos un explorador de
internet como cliente. Para el modo túnel, se requiere tener la aplicación instalada
FortiClient en el equipo del usuario. En los siguientes ejemplos os voy a mostrar, como
siempre, un caso de una implementación correcta de una SSL VPN, para mostrar después
distintos fallos de configuración.

4.2.1 Ejemplo #1 – web-based mode

Aquí todo está correcto y el usuario puede establecer un túnel VPN SSL usando el modo web:

Ejemplo 4.30

```
diagnose debug application sslvpn 255

diagnose debug enable
```

Ahora podemos ver distinta información del comando **debug**, como la version *TTL*, el *cipher suite*, nombre de usuario y grupo al que pertenece (*group membership*).

Ejemplo 4.31

```
[463:root:70]allocSSLConn:281 sconn 0x7f66bda35800 (0:root)

[463:root:70]client cert requirement: no

...

[463:root:70]SSL established: TLSv1.3 TLS_AES_256_GCM_SHA384 <- Versión TLS y cipher suite

[463:root:70]rmt_web_auth_info_parser_common:441 no session id in auth info

[463:root:70]rmt_web_get_access_cache:758 invalid cache, ret=4103

[463:root:71]allocSSLConn:281 sconn 0x7f66bda39800 (0:root)

...

[463:root:72]sslConnGotoNextState:300 error (last state: 1, closeOp: 0)

[463:root:72]Destroy sconn 0x7f66bda3bc00, connSize=2. (root)

[463:root:70]epollAddPending:528

read : needed: 0 ((nil)) evRead  0x4 ev 0x1 (0)

write: needed: 1 (0x135ce40) evWrite 0x4 ev 0x1 (0)

[463:root:70]epollFdHandler:643 s: 0x7f66bda35800 event: 0x14

[463:root:70]Destroy sconn 0x7f66bda35800, connSize=1. (root)
```

```
[463:root:71]sslConnGotoNextState:300 error (last state: 1, closeOp: 0)

[463:root:71]Destroy sconn 0x7f66bda39800, connSize=0. (root)

[463:root:73]allocSSLConn:281 sconn 0x7f66bda35800 (0:root)

[463:root:73]client cert requirement: no

…

[463:root:73]SSL established: TLSv1.3 TLS_AES_256_GCM_SHA384

[463:root:73]rmt_web_auth_info_parser_common:441 no session id in auth info

[463:root:73]rmt_web_access_check:684 access failed, uri=[/remote/logincheck],ret=4103,

[463:root:73]rmt_logincheck_cb_handler:921 user 'userA' has a matched local entry. <- Nombre
de usuario

[463:root:73]two factor check for userA: off <- autentificación de dos factores
deshabilitada

[463:root:73]fam_auth_send_req:576 with server blacklist:

[463:root:73]SSL VPN login matched rule (0).

[463:root:73]rmt_web_session_create:709 create web session, idx[0]

[463:root:73]deconstruct_session_id:378 decode session id ok,      <- detalles de la sesión
user=[userA],group=[SSL_VPN_USERS],authserver=[],portal=[web-
access],host=[172.16.3.1],realm=[],idx=0,auth=1,sid=726d8e41, login=1585773900,
access=1585773900

…

[463:root:74]allocSSLConn:281 sconn 0x7f66bda3ac00 (0:root)
```

4.2.2   Ejemplo #2 – tunnel-based mode

Ahora, también sin error de configuración, el output del **debug diagnose application sslvpn**
de una SSL VPN en modo túnel:

Ejemplo 4.32

```
[463:root:52]deconstruct_session_id:378 decode session id ok, <- modo túnel
user=[userA],group=[SSL_VPN_USERS],authserver=[],portal=[full-
access],host=[172.16.3.1],realm=[],idx=0,auth=1,sid=1927e8ed, login=1585771465,
access=1585771465
```

…

[463:root:52]form_ipv4_split_tunnel_addr:1544 Matched policy (id = 2) to add split tunnel routing address

…

…:52]sslvpn_reserve_dynip:1157 tunnel vd[root] ip[10.212.134.200] app session idx[0] <- IP allocation

[463:root:52]form_ipv4_split_tunnel_addr:1544 Matched policy (id = 2) to add split tunnel routing address

[463:root:53]allocSSLConn:281 sconn 0x7f66bda37400 (0:root)

[463:root:53]client cert requirement: no

[463:root:53]SSL established: TLSv1.2 ECDHE-RSA-AES256-GCM-SHA384 <- versión TLS and cipher suite

…

[463:root:53]sslvpn_tunnel_handler,48, Calling rmt_conn_access_ex.

…

[463:root:53]sslvpn_tunnel_handler,146, Calling tunnel.

[463:root:53]tunnelEnter:416 0x7f66bda37400:0x7f66bdb8c000 sslvpn user[userA],type 1,logintime 0 vd 0

[463:root:53]sconn 0x7f66bda37400 (0:root) vfid=0 local=[172.16.1.1] remote=[172.16.3.1] dynamicip=[10.212.134.200] <- Ip Pública local y remota, y la Ip dinámica asignada al usuario

[463:root:53]Prepare to launch ppp service...

[463:root:53]tun: ppp 0x7f66bdb90000 dev (ssl.root) opened fd 36

[463:root:53]Will add auth policy for policy 2 for user userA:SSL_VPN_USERS

[463:root:53]Add auth logon for user userA:SSL_VPN_USERS, matched group number 1

[463:root:0]RCV: LCP ConFigura_Request id(1) len(14) [Maximum_Received_Unit 1354] [Magic_Number FE007610]

[463:root:0]SND: LCP ConFigura_Request id(1) len(10) [Magic_Number F24278FB]

[463:root:0]lcp_reqci: returning CONFACK.

[463:root:0]SND: LCP ConFigura_Ack id(1) len(14) [Maximum_Received_Unit 1354] [Magic_Number FE007610]

[463:root:0]RCV: LCP ConFigura_Ack id(1) len(10) [Magic_Number F24278FB]

[463:root:0]lcp_up: with mtu 1354 <- MTU

```
[463:root:0]SND: IPCP ConFigura_Request id(1) [IP_Address 172.16.1.1]

[463:root:0]RCV: IPCP ConFigura_Request id(0) [IP_Address 0.0.0.0] [Primary_DNS_IP_Address
0.0.0.0] [Secondary_DNS_IP_Address 0.0.0.0]

[463:root:0]ipcp: returning ConFigura-NAK

[463:root:0]SND: IPCP ConFigura_Nak id(0) [IP_Address 10.212.134.200]
[Primary_DNS_IP_Address 192.168.153.1] [Secondary_DNS_IP_Address 10.0.2.254] <- DNS settings

[463:root:0]RCV: IPCP ConFigura_Ack id(1) [IP_Address 172.16.1.1]

[463:root:0]RCV: IPCP ConFigura_Request id(1) [IP_Address 10.212.134.200]
[Primary_DNS_IP_Address 192.168.153.1] [Secondary_DNS_IP_Address 10.0.2.254]

[463:root:0]ipcp: returning ConFigura-ACK

[463:root:0]SND: IPCP ConFigura_Ack id(1) [IP_Address 10.212.134.200]
[Primary_DNS_IP_Address 192.168.153.1] [Secondary_DNS_IP_Address 10.0.2.254]

[463:root:0]ipcp: up ppp:0x7f66bdb90000 caller:0x7f66bda37400 tun:36

[463:root:0]Cannot determine ethernet address for proxy ARP

[463:root:0]local  IP address 172.16.1.1 <- Ip local del gateway

[463:root:0]remote IP address 10.212.134.200 <- La IP dinámica asignada al usuario

[463:root:53]sslvpn_ppp_associate_fd_to_ipaddr:279 associate 10.212.134.200 to tun
(ssl.root:36)

[463:root:52]sslvpn_read_request_common,639, ret=-1 error=-1, sconn=0x7f66bda35800.

[463:root:52]Destroy sconn 0x7f66bda35800, connSize=1. (root)
```

4.2.3   Ejemplo #3 – usuario inválido

Empecemos ahora con los distintos errores con los que nos podemos encontrar. El usuario definido a continuación no está permitido para el acceso a la SSL VPN:

Ejemplo 4.33

```
[463:root:7]login_failed:272 user[admin],auth_type=0 failed [sslvpn_login_unknown_user]
```

En esta ocasión no hay ninguna política de firewall que coincida para el usuario **admin**. Vemos en pantalla el *output* del comando **diag debug flow**:

Ejemplo 4.34

```
diagnose debug flow filter addr 172.16.3.1

diagnose debug flow show function-name enable

diagnose debug flow show iprope enable

diagnose debug flow trace start 100

diagnose debug enable
```

Ejemplo 4.35

```
id=20085 trace_id=10 func=print_pkt_detail line=5517 msg="vd-root:0 received a
packet(proto=6, 172.16.3.1:51683->172.16.1.1:10443) from port1. flag [S], seq 1262106172,
ack 0, win 8192"

id=20085 trace_id=10 func=init_ip_session_common line=5682 msg="allocate a new session-
00002811"

id=20085 trace_id=10 func=vf_ip_route_input_common line=2591 msg="find a route:
flag=80000000 gw-172.16.1.1 via root"

id=20085 trace_id=10 func=fw_local_in_handler line=410 msg="iprope_in_check() check failed
on policy 0, drop"
```

4.2.4   Ejemplo #4 – usuario no permitido para el modo web

Cuando no se permite a un usario usar el SSL VPN en modo túnel, aún puede acceder al portal. En la página principal mostrará que el uso de la pagina web para autentificarse está prohibida, por lo que el usuario solo podrá descargarse la aplication FortiClient desde el propio portal.

4.2.5   Ejemplo #5 – usuario no permitido en el modo túnel

Podemos tener usuarios cuyo acceso está restringido sólo para el modo web, sin que puedan utilizar el modo túnel. Si aun así intenta conectarse con la aplicacion cliente, verán este mensaje de error:

Figura 4.1

De nuevo, con el comando **debug**, podremos ver información mas en detalle. Aquí nos muestra un error de *timeout*.

Ejemplo 4.36

```
[463:root:56]Timeout for connection 0x7f66bda35800.

[463:root:56]Destroy sconn 0x7f66bda35800, connSize=0. (root)

[463:root:0]sslvpn_internal_remove_one_web_session:2711 web session
(root:userA:SSL_VPN_USERS:172.16.3.1:0 1) removed for tunnel connection setup timeout for
SSLVPN Client
```

5 Enrutamiento

Fortigate en modo NAT trabaja como un equipo de capa 3. Eso significa que puede enrutar paquetes siguiendo, claro, su tabla de enrutamiento. Se pueden definir tanto enrutamiento dinámico como estático.

5.1 Estático

Cuando trabajamos con enrutamiento estático, hay dos atributos que tenemos que recordar, y que varían en función del *vendor* o compañía: Distancia administrativa (AD, por su siglas en inglés) y prioridad. En ambos casos, los valores más bajos se prefieren. En la tabla de enrutamiento sólo aparecen aquellas entradas con mejor valor (mejor *path* basado primero en la AD y después la métrica). Puede haber más una ruta para un destino si comparten la menor distancia, es decir, soporta balanceo de tráfico de rutas de igual costo (Equal cost multipath)

Empecemos analizando un ejemplo con dos proveedores ISPs. Tienes una ruta con AD de 10 por el puerto 1 y otra de AD 15 por el puerto 2. En la tabla de enrutamiento, aparecerá solamente la que tenga mejor (menor) coste:

Ejemplo 5.1

```
FG-A # get router info routing-table all


Routing table for VRF=0
Codes: K - kernel, C - connected, S - static, R - RIP, B - BGP
       O - OSPF, IA - OSPF inter area
       N1 - OSPF NSSA external type 1, N2 - OSPF NSSA external type 2
       E1 - OSPF external type 1, E2 - OSPF external type 2
       i - IS-IS, L1 - IS-IS level-1, L2 - IS-IS level-2, ia - IS-IS inter area
```

```
        * - candidate default


S*        0.0.0.0/0 [10/0] via 172.16.1.254, port1 <- AD 10 is lowest and active (*)

C         10.0.1.0/24 is directly connected, port3

C         172.16.1.0/24 is directly connected, port1

C         172.16.2.0/24 is directly connected, port2




FG-A #
```

En la tabla de enrutamiento, hay una ruta vía *port2*. No se puede enviar ni recibir tráfico por el puerto 2 si la entrada está inactiva.

Ejemplo 5.2

```
FG-A # get router info routing-table database


Routing table for VRF=0
Codes: K - kernel, C - connected, S - static, R - RIP, B - BGP
       O - OSPF, IA - OSPF inter area
       N1 - OSPF NSSA external type 1, N2 - OSPF NSSA external type 2
       E1 - OSPF external type 1, E2 - OSPF external type 2
       i - IS-IS, L1 - IS-IS level-1, L2 - IS-IS level-2, ia - IS-IS inter area
       > - selected route, * - FIB route, p - stale info


S       0.0.0.0/0 [15/0] via 172.16.2.254, port2, [5/0]   <-entry is not active because AD=15

S     *> 0.0.0.0/0 [10/0] via 172.16.1.254, port1 <- only this route is active

C     *> 10.0.1.0/24 is directly connected, port3

C     *> 172.16.1.0/24 is directly connected, port1

C     *> 172.16.2.0/24 is directly connected, port2
```

```
FG-A #
```

En el caso de que recibamos tráfico mediante el ISP secundario, podemos establecer la misma AD pero con una prioridad más alta (5). Como los valores mas bajos se prefieren, Fortigate enviará el tráfico a través del puerto 1:

Ejemplo 5.3

```
FG-A # get router info routing-table all


Routing table for VRF=0
Codes: K - kernel, C - connected, S - static, R - RIP, B - BGP
       O - OSPF, IA - OSPF inter area
       N1 - OSPF NSSA external type 1, N2 - OSPF NSSA external type 2
       E1 - OSPF external type 1, E2 - OSPF external type 2
       i - IS-IS, L1 - IS-IS level-1, L2 - IS-IS level-2, ia - IS-IS inter area
       * - candidate default


S*      0.0.0.0/0 [10/0] via 172.16.1.254, port1
                  [10/0] via 172.16.2.254, port2, [5/0]  <- set higher priority
C       10.0.1.0/24 is directly connected, port3
C       172.16.1.0/24 is directly connected, port1
C       172.16.2.0/24 is directly connected, port2



FG-A #
```

Cuando miramos en la tabla de enrutamiento, puedes ver "*>" para las dos rutas. Esto significa que las dos están activas:

Ejemplo 5.4

```
FG-A # get router info routing-table database


Routing table for VRF=0

Codes: K - kernel, C - connected, S - static, R - RIP, B - BGP

       O - OSPF, IA - OSPF inter area

       N1 - OSPF NSSA external type 1, N2 - OSPF NSSA external type 2

       E1 - OSPF external type 1, E2 - OSPF external type 2

       i - IS-IS, L1 - IS-IS level-1, L2 - IS-IS level-2, ia - IS-IS inter area

       > - selected route, * - FIB route, p - stale info


S    *> 0.0.0.0/0 [10/0] via 172.16.1.254, port1

     *>            [10/0] via 172.16.2.254, port2, [5/0]

C    *> 10.0.1.0/24 is directly connected, port3

C    *> 172.16.1.0/24 is directly connected, port1

C    *> 172.16.2.0/24 is directly connected, port2



FG-A #
```

Cuando el equipo recibe paquetes y el tráfico está permitido, la búsqueda de la ruta en la tabla se realiza dos veces.

La primera cuando la sesión es iniciada:

Ejemplo 5.5

```
id=20085 trace_id=217 func=print_pkt_detail line=5375 msg="vd-test received a
packet(proto=6, 10.16.2.16:22167->172.16.4.10:80) from vlan5. flag [S], seq 4283788036, ack
0, win 4380"
```

```
id=20085 trace_id=217 func=init_ip_session_common line=5534 msg="allocate a new session-
0c22ee5d"

id=20085 trace_id=217 func=vf_ip_route_input_common line=2574 msg="find a route:
flag=00000000 gw-192.168.6.9 via vlan3"

id=20085 trace_id=217 func=fw_forward_handler line=743 msg="Allowed by Policy-16:"
```

Y la segunta, para el tráfico de vuelta:

Ejemplo 5.6

```
id=20085 trace_id=218 func=print_pkt_detail line=5375 msg="vd-test received a
packet(proto=6, 172.16.4.10:80->10.16.2.16:22167) from vlan3. flag [S.], seq 3882227979, ack
4283788037, win 28960"

id=20085 trace_id=218 func=resolve_ip_tuple_fast line=5450 msg="Find an existing session,
id-0c22ee5d, reply direction"

id=20085 trace_id=218 func=vf_ip_route_input_common line=2574 msg="find a route:
flag=00000000 gw-192.168.4.3 via vlan5"

id=20085 trace_id=218 func=npu_handle_session44 line=1096 msg="Trying to offloading session
from vlan3 to vlan5, skb.npu_flag=00000400 ses.state=04010204 ses.npu_state=0x00000000"

id=20085 trace_id=218 func=ip_session_install_npu_session line=351 msg="npu session
installation succeeded"
```

Una vez la sesión se ha establecido, no se vuelve a mirar la tabla de enrutamiento, salvo
con la excepción de que se modifique dicha ruta.

5.1.1 Policy Base Routing

A veces nos puede interesar modificar el comportamiento habitual a la hora de enrutar
paquetes (basado solamente en la IP destino). Esto lo podemos realizar con *Policy Based
Routing (PBR)*, enrutamietno basado en políticas. En el siguiente ejemplo, hemos creado
una regla siempre que se den los siguientes elementos: TCP, origen 10.0.1.10/32, puerto de
entrada port 3 (identificado como iif=5) y destino el famoso 8.8.8.8/32. Si el FW detecta un
flujo que se corresponda con esto, enviará el trafico al puerto 2 (oif=4).

En algunos equipos físicos hay dos interfaces de gestión o *Management* (mtmg1 y mgmt2), de ahí que el puerto 1 tenga el index o identificación 3, puerto 2 el cuatro, y así sucesivamente (sin embargo, tengo que admitir que no he encontrado documentación oficial confirmándolo).

Ejemplo 5.7

```
FG-A # diagnose firewall proute list

list route policy info(vf=root):


id=1 dscp_tag=0xff 0xff flags=0x0 tos=0x00 tos_mask=0x00 protocol=6 sport=0:65535 iif=5
dport=0-65535 oif=4 gwy=8.8.8.8

source(1): 10.0.1.10-10.0.1.10

destination wildcard(1): 8.8.8.8/255.255.255.255


FG-A #
```

Podemos verificar si el PBR funciona comprobando el comando **diagnose debug flow**, ya que nos mostrará información sobre las reglas de enrutamiento:

Ejemplo 5.8

```
id=20085 trace_id=31 func=print_pkt_detail line=5517 msg="vd-root:0 received a
packet(proto=6, 10.0.1.10:50731->10.0.2.10:80) from port3. flag [S], seq 2551198907, ack 0,
win 8192"

id=20085 trace_id=31 func=init_ip_session_common line=5682 msg="allocate a new session-
000022b0"

id=20085 trace_id=31 func=iprope_dnat_check line=4942 msg="in-[port3], out-[]"

id=20085 trace_id=31 func=iprope_dnat_check line=4955 msg="result: skb_flags-02000000, vid-
0, ret-no-match, act-accept, flag-00000000"

id=20085 trace_id=31 func=vf_ip_route_input_common line=2578 msg="Match policy routing: to
10.0.2.10 via ifindex-20" <- PBR

id=20085 trace_id=31 func=vf_ip_route_input_common line=2591 msg="find a route:
flag=04000000 gw-10.0.2.10 via port7"
```

```
id=20085 trace_id=31 func=iprope_fwd_check line=726 msg="in-[port3], out-[port7], skb_flags-
02000000, vid-0, app_id: 0, url_cat_id: 0"
```

5.1.2 Link Health Monitor

Link Health Monitor es un mecanismo que monitoriza el acceso a un servidor vía una interfaz específica. Cuando el Fortigate no es capaz de acceder a ese servidor, elimina las rutas estáticas para esa intefaz de salida si hemos habilitado dicha opción (mediante la opción *update route*).

Ejemplo 5.9

```
FG-A # diagnose sys link-monitor status


Link Monitor: link2, Status: alive, Server num(1), Create time: Fri Apr  3 00:44:09 2020

Source interface: port2 (4)

Interval: 1

  Peer: 8.8.8.8(8.8.8.8)

        Source IP(172.16.2.1)

        Route: 172.16.2.1->8.8.8.8/32, gwy(172.16.2.254)

        protocol: ping, state: alive

                Latency(Min/Max/Avg): 7.242/16.597/8.326 ms

                Jitter(Min/Max/Avg): 0.033/8.973/0.944

                Packet lost: 0.000%

                Number of out-of-sequence packets: 0

                Fail Times(0/5)

                Packet sent: 34, received: 34, Sequence(sent/rcvd/exp): 35/35/36


FG-A #
```

En el puerto donde se ha habilitado el *health monitor*, podemos comprobar el ancho de banda, la latencia, el retardo y los paquetes perdidos:

Ejemplo 5.10

```
FG-A # diagnose sys link-monitor interface port2

Interface(port2): state(up, since Fri Apr  3 00:44:09 2020

), bandwidth(up:494bps, down:667bps), session count(0), tx(12874 bytes), rx(678682 bytes),
latency(8.48), jitter(0.93), packet-loss(0.00).


FG-A #
```

Puedes ver las estadísticas con el siguiente comando **diagnose debug application link-monitor**:

Ejemplo 5.11

```
FG-A # diagnose debug enable


FG-A # diagnose debug application link-monitor -1
Debug messages will be on for 30 minutes.


FG-A # lnkmtd::ping_send_msg(275): --> ping 8.8.8.8 seq_no=144, icmp id=0.0, send 40 bytes

lnkmtd; link2(8.8.8.8:ping) send probe packet, fail count(0)

lnkmtd::ping_do_addr_up(61): link2->8.8.8.8(8.8.8.8), rcvd

monitor_peer_recv-1540: lnkmtd:  link2 send time 1585899993s 540233us, revd time 1585899993s
548635us
```

5.2 OSPF

OSPF es uno de los protocolos de enrutamiento dinámico más populares entre los de Gateway Interior (dentro de un Sistema autónomo). OSPF nos da flexibilidad ya que puede soportar diseños de red complejos, ofreciendo, evidentemente, mayor número de opciones que el enrutamiento estático. Aquí partimos de que ya se tiene un conocimiento sobre este protocolo, por lo que no procederemos a explicarlo.

Analicemos el siguiente diseño de red (Figura 5.1). Hay cuatro equipos FortiGate corriendo OSPF. Hay un área, la de backbone, área 0, y dos ISPs:

Figura 5.1

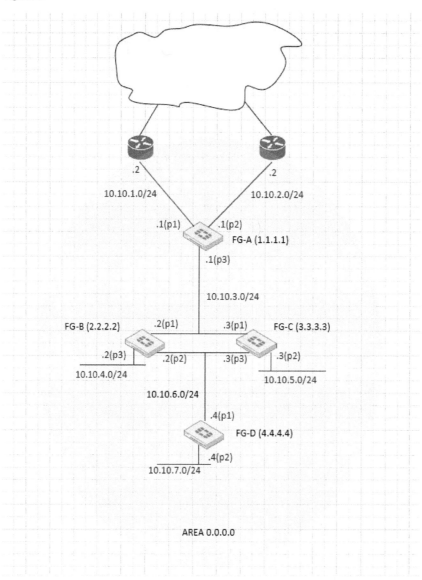

Figura 5.1

Si no sabemos qué protocolos de enrutamiento están activos, podemos empezar comprobando la información de todos los protocolos en general:

Ejemplo 5.12

```
FG-A # get router info protocols
Routing Protocol is "rip"
  Sending updates every 30 seconds with +/-50%
  Timeout after 180 seconds, garbage collect after 120 seconds
  Outgoing update filter list for all interface is not set
  Incoming update filter list for all interface is not set
  Default redistribution metric is 1
  Maximum output metric is 15
  Redistributing:
  Default version control: send version 2, receive version 2
    Interface         Send  Recv  Key-chain
  Routing for Networks:
  Routing Information Sources:
    Gateway          Distance  Last Update  Bad Packets  Bad Routes
  Distance: (default is 120)

  Routing Protocol is "ospf 0"
  Invalid after 0 seconds, hold down 0, flushed after 0
  Outgoing update filter list for all interfaces is
  Incoming update filter list for all interfaces is
  Redistributing:
  Routing for Networks: <- networks for which OSPF is enabled
    10.10.1.0/24
    10.10.2.0/24
    10.10.3.0/24
  Routing Information Sources:
    Gateway          Distance       Last Update
  Distance: (default is 110)
    Address          Mask           Distance List

  Routing Protocol is "isis"
  System ID: 0000.0000.0000
  Area addr: Non-conFigurad
  IS type: level-1-2
  Number of Neighbors: 0


FG-A #
```

Ahora que sabemos que OSPF está corriendo, comprobemos su estado:

Ejemplo 5.13

```
FG-A # get router info ospf status
 Routing Process "ospf 0" with ID 1.1.1.1
 Process uptime is 23 minutes
 Process bound to VRF default
 Conforms to RFC2328, and RFC1583Compatibility flag is disabled
 Supports only single TOS(TOS0) routes
 Supports opaque LSA
 Do not support Restarting
 SPF schedule delay 5 secs, Hold time between two SPFs 10 secs
 Refresh timer 10 secs
 Number of incomming current DD exchange neighbors 0/5
 Number of outgoing current DD exchange neighbors 0/5
 Number of external LSA 0. Checksum 0x000000
 Number of opaque AS LSA 0. Checksum 0x000000
 Number of non-default external LSA 0
 External LSA database is unlimited.
 Number of LSA originated 2
 Number of LSA received 16
 Number of areas attached to this router: 1
     Area 0.0.0.0 (BACKBONE) <- there is one area
         Number of interfaces in this area is 3(3)
         Number of fully adjacent neighbors in this area is 2
         Area has no authentication
         SPF algorithm last executed 00:03:08.740 ago
         SPF algorithm executed 7 times
         Number of LSA 6. Checksum 0x035a8c
```

Como puedes ver, hay multitud de detalles sobre este protocolo, como el *Router ID*, la confirmación de que los LSA se están intercambiando entre los *peers*, el Área *ID* y el tipo de área. También las interfaces por área, número de vecinos y si la autentificación está habilitada.

De la anterior captura, sabemos que hay dos vecinos con adyacencia completa. Los siguientes comandos nos darán más información sobre ellos:

Ejemplo 5.14

```
FG-A # get router info ospf neighbor all

OSPF process 0:
Neighbor ID     Pri   State         Dead Time   Address       Interface
2.2.2.2          1    Full/Backup   00:00:35    10.10.3.2     port3
3.3.3.3          1    Full/DROther  00:00:39    10.10.3.3     port3
```

¿Qué podemos aprender de la información anterior? Primero, debe ser una red de tipo broadcast ya que hay un BDR (2.2.2.2). Este equipo debe ser DR ya que tiene adyacencia completa con DROther. Solamente los DR y BDR tienen tal tipo de estado con los vecinos.

Podemos agregar el parámetro detail para recabar más información:

Ejemplo 5.15

```
FG-A # get router info ospf neighbor detail all
OSPF process 0:

 Neighbor 2.2.2.2, interface address 10.10.3.2
    In the area 0.0.0.0 via interface port3
    Neighbor priority is 1, State is Full, 5 state changes
    DR is 10.10.3.1, BDR is 10.10.3.2
    Options is 0x42 (*|O|-|-|-|-|E|-)
    Dead timer due in 00:00:36
    Neighbor is up for 00:20:49
    Database Summary List 0
    Link State Request List 0
    Link State Retransmission List 0
    Crypt Sequence Number is 0
    Thread Inactivity Timer on
    Thread Database Description Retransmission off
    Thread Link State Request Retransmission off
    Thread Link State Update Retransmission off

Neighbor 3.3.3.3, interface address 10.10.3.3
    In the area 0.0.0.0 via interface port3
    Neighbor priority is 1, State is Full, 4 state changes
    DR is 10.10.3.1, BDR is 10.10.3.2
    Options is 0x42 (*|O|-|-|-|-|E|-)
    Dead timer due in 00:00:40
    Neighbor is up for 00:19:56
    Database Summary List 0
    Link State Request List 0
    Link State Retransmission List 0
    Crypt Sequence Number is 0
    Thread Inactivity Timer on
    Thread Database Description Retransmission off
    Thread Link State Request Retransmission off
    Thread Link State Update Retransmission off
```

OSPF intercambia información LSA con el envío de paquetes LSU y cada router, sabemos, construye su propio mapa o diseño de la red, al ser protocolo estado enlace. La información se almacena en su base de datos local:

Ejemplo 5.16

```
FG-A # get router info ospf database brief

                Router Link States (Area 0.0.0.0)

Link ID         ADV Router      Age  Seq#      CkSum Flag Link count
1.1.1.1         1.1.1.1         1195 80000005 5a6f  0031 3
2.2.2.2         2.2.2.2         234  80000008 8415  0012 3
3.3.3.3         3.3.3.3         235  80000006 850b  0012 3
4.4.4.4         4.4.4.4         209  80000006 893e  0012 2

                Net Link States (Area 0.0.0.0)'

Link ID         ADV Router      Age  Seq#     CkSum Flag
10.10.3.1       1.1.1.1         1195 80000002 9090  0021
10.10.6.2       2.2.2.2         234  80000002 dd2f  0002


FG-A #
```

Puedes ver más detalles sobre cada tipo LSA en la base de datos de la siguiente manera:

Ejemplo 5.17

```
FG-A # get router info ospf database router lsa

                Router Link States (Area 0.0.0.0)

  LS age: 1203
  Options: 0x2 (*|-|-|-|-|-|E|-)
  Flags: 0x0
  LS Type: router-LSA
  Link State ID: 1.1.1.1
  Advertising Router: 1.1.1.1
  LS Seq Number: 80000005
  Checksum: 0x5a6f
  Length: 60
   Number of Links: 3

    Link connected to: Stub Network
```

```
  (Link ID) Network/subnet number: 10.10.1.0
  (Link Data) Network Mask: 255.255.255.0
   Number of TOS metrics: 0
    TOS 0 Metric: 1

  Link connected to: Stub Network
   (Link ID) Network/subnet number: 10.10.2.0
   (Link Data) Network Mask: 255.255.255.0
    Number of TOS metrics: 0
     TOS 0 Metric: 1

  Link connected to: a Transit Network
   (Link ID) Designated Router address: 10.10.3.1
   (Link Data) Router Interface address: 10.10.3.1
    Number of TOS metrics: 0
     TOS 0 Metric: 1
```

El siguiente comando provee detalles sobre la configuración y ajustes a nivel de interfaz. Antes del que el router pueda establecer una relación OPSF entre vecinos, necesita que coincidan los siguientes parámetros:

- Dirección *IP* y máscara (enlaces punto a punto pueden ignorar la longitud de la máscara)
- Misma *Area ID*
- Mismo *MTU*
- Mismo tipo de redes (*stub, NSSA*, etc)
- Intervalo de tiempo (*Hello, Dead Interval*)
- autentificación

Ejemplo 5.18

```
FG-A # get router info ospf interface
port1 is up, line protocol is up
  Internet Address 10.10.1.1/24, Area 0.0.0.0, MTU 1500
  Process ID 0, Router ID 1.1.1.1, Network Type BROADCAST, Cost: 1
  Transmit Delay is 1 sec, State DR, Priority 1
  Designated Router (ID) 1.1.1.1, Interface Address 10.10.1.1
  No backup designated router on this network
  Timer intervals conFigurad, Hello 10.000, Dead 40, Wait 40, Retransmit 5
    Hello due in 00:00:00
  Neighbor Count is 0, Adjacent neighbor count is 0
  Crypt Sequence Number is 10
  Hello received 0 sent 149, DD received 0 sent 0
  LS-Req received 0 sent 0, LS-Upd received 0 sent 0
  LS-Ack received 0 sent 0, Discarded 0
```

Comprobemos qué se puede ver en la tabla de enrutamiento:

Ejemplo 5.19

```
FG-A # get router info ospf route
C   10.10.1.0/24 [1] is directly connected, port1, Area 0.0.0.0
C   10.10.2.0/24 [1] is directly connected, port2, Area 0.0.0.0
C   10.10.3.0/24 [1] is directly connected, port3, Area 0.0.0.0
O   10.10.4.0/24 [2] via 10.10.3.2, port3, Area 0.0.0.0
O   10.10.5.0/24 [2] via 10.10.3.3, port3, Area 0.0.0.0
O   10.10.6.0/24 [2] via 10.10.3.2, port3, Area 0.0.0.0
                     via 10.10.3.3, port3, Area 0.0.0.0
O   10.10.7.0/24 [3] via 10.10.3.2, port3, Area 0.0.0.0
                     via 10.10.3.3, port3, Area 0.0.0.0


FG-A #
```

El escenario con el que hemos trabajado hasta ahora no es nada complejo, pues solo tiene un área, no hay sumarizacion, etc.

Cambiemos a otro entorno más real, donde nos vamos a encontrar con cinco tipos de área, incluyendo stub y NSSA:

Figura 5.2

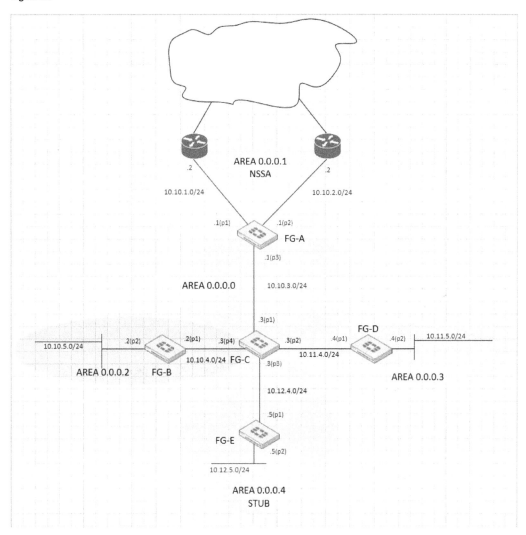

Y la tabla de enrutamiento de FG-E, que está en una área tipo *stub*:

Ejemplo 5.20

```
FG-E # get router info routing-table all
Codes: K - kernel, C - connected, S - static, R - RIP, B - BGP
       O - OSPF, IA - OSPF inter area
```

```
          N1 - OSPF NSSA external type 1, N2 - OSPF NSSA external type 2
          E1 - OSPF external type 1, E2 - OSPF external type 2
          i - IS-IS, L1 - IS-IS level-1, L2 - IS-IS level-2, ia - IS-IS inter area
          * - candidate default

O*IA    0.0.0.0/0 [110/11] via 10.12.4.3, port1, 00:02:28  <- Gateway for defecto (porque
está en un stub area)
O IA    10.10.1.0/24 [110/3] via 10.12.4.3, port1, 00:02:28
O IA    10.10.2.0/24 [110/3] via 10.12.4.3, port1, 00:02:28
O IA    10.10.3.0/24 [110/2] via 10.12.4.3, port1, 00:02:28
O IA    10.10.4.0/24 [110/2] via 10.12.4.3, port1, 00:02:28
O IA    10.10.5.0/24 [110/3] via 10.12.4.3, port1, 00:02:28
C       10.10.10.0/24 is directly connected, port10
O IA    10.11.4.0/24 [110/2] via 10.12.4.3, port1, 00:02:28
O IA    10.11.5.0/24 [110/3] via 10.12.4.3, port1, 00:02:28
C       10.12.4.0/24 is directly connected, port1
C       10.12.5.0/24 is directly connected, port2


FG-E #
```

Precisamente por encontrarse en el area stub, vemos una ruta por defecto (*default gateway,* también conocida como ruta de último recurso, 0.0.0.0/0). Dependiendo de la versión *firmware,* puedes ver rutas individuales o solamente la sumarizada/por defecto. Podemos quitar todos los prefijos que no estén sumarizados con **set stub-type no-summary**

Ejemplo 5.21

```
FG-E (0.0.0.4) # show
config area
    edit 0.0.0.4
        set type stub
    next
end

FG-E (0.0.0.4) # show full-configuration
config area
    edit 0.0.0.4
        set shortcut disable
        set authentication none
        set default-cost 10
        set stub-type no-summary <- elimina todos los prefijos no-summary
        set type stub
    next
end

FG-E
```

Fijaros el cambio después de haber introducido el comando:

Ejemplo 5.22

```
FG-E # get router info routing-table all
Codes: K - kernel, C - connected, S - static, R - RIP, B - BGP
       O - OSPF, IA - OSPF inter area
       N1 - OSPF NSSA external type 1, N2 - OSPF NSSA external type 2
       E1 - OSPF external type 1, E2 - OSPF external type 2
       i - IS-IS, L1 - IS-IS level-1, L2 - IS-IS level-2, ia - IS-IS inter area
       * - candidate default

O*IA    0.0.0.0/0 [110/11] via 10.12.4.3, port1, 00:00:04
C       10.10.10.0/24 is directly connected, port10
C       10.12.4.0/24 is directly connected, port1
C       10.12.5.0/24 is directly connected, port2

FG-E #
```

A veces nos podemos encontrar con el siguiente problema, cuando un vecino no alcanza el estado de adyacencia *FULL*:

Ejemplo 5.23

```
FG-A # get router info ospf neighbor

OSPF process 0:
Neighbor ID    Pri   State          Dead Time   Address        Interface
3.3.3.3          1   ExStart/Backup 00:00:38    10.10.3.3      port3

FG-A #
```

Lo primero sería revisar todos los parámetros que tienen que coincidir entre los dos vecinos (IP, *subnet, area type* and ID, *MTU*, autentificación). De nuevo, poseemos multitud de comandos que nos pueden ayudar:

Ejemplo 5.24

```
diagnose ip router ospf all enable

diagnose ip router ospf level info

diagnose debug enable


diagnose sniffer packet any "proto 89" 4
```

Si está relacionado con la autentificación, esto será bastante fácil de encontrar, ya que podremos ver **authentication type mismatch** en el mensaje de FG-C (*Router ID* 3.3.3.3)

Ejemplo 5.25

```
OSPF: RECV[Hello]: From 3.3.3.3 via port3:10.10.3.1 (10.10.3.3 -> 224.0.0.5)

OSPF: ----------------------------------------------------

OSPF: Header

OSPF:    Version 2

OSPF:    Type 1 (Hello)

OSPF:    Packet Len 44

OSPF:    Router ID 3.3.3.3

OSPF:    Area ID 0.0.0.0

OSPF:    Checksum 0xe98b

OSPF:    AuType 0 <- sin autentificación

OSPF: Hello

OSPF:    NetworkMask 255.255.255.0

OSPF:    HelloInterval 10

OSPF:    Options 0x2 (*|-|-|-|-|-|E|-)

OSPF:    RtrPriority 1

OSPF:    RtrDeadInterval 40

OSPF:    DRouter 10.10.3.3

OSPF:    BDRouter 0.0.0.0
```

```
OSPF:   # Neighbors 0
OSPF: -----------------------------------------------------
OSPF: RECV[Hello]: From 3.3.3.3 via port3:10.10.3.1: Authentication type mismatch
```

En el otro Router no nos encontramos con el mismo mensaje, sino uno similar indicando el tipo de autenticación: "2", *MD5*.

Ejemplo 5.26

```
OSPF: SEND[Hello]: To 224.0.0.5 via port3:10.10.3.1, length 60
OSPF: -----------------------------------------------------
OSPF: Header
OSPF:   Version 2
OSPF:   Type 1 (Hello)
OSPF:   Packet Len 44
OSPF:   Router ID 1.1.1.1
OSPF:   Area ID 0.0.0.0
OSPF:   Checksum 0x0
OSPF:   AuType 2 <- MD5
OSPF:   Cryptographic Authentication
OSPF:   Key ID 0
OSPF:   Auth Data Len 16
OSPF:   Sequence number 18
OSPF: Hello
OSPF:   NetworkMask 255.255.255.0
OSPF:   HelloInterval 10
OSPF:   Options 0x2 (*|-|-|-|-|-|E|-)
OSPF:   RtrPriority 1
OSPF:   RtrDeadInterval 40
OSPF:   DRouter 10.10.3.1
```

```
OSPF:    BDRouter 0.0.0.0

OSPF:    # Neighbors 0

OSPF: -------------------------------------------------------
```

El estado "*ExStart*" puede ser causado por la definición de distintos MTU entre los vecinos. El mayor problema es que en esta ocasión no veremos un mensaje claro, solo nos saldrá que la negociación falla (*negotiation fails*). Sin embargo, el tamaño MTU se muestra en el *debug output*, y en los parámetros de las interfaces OSPF

Ejemplo 5.27

```
OSPF: RECV[DD]: From 1.1.1.1 via port1:10.10.3.3 (10.10.3.1 -> 10.10.3.3)

OSPF: -------------------------------------------------------

OSPF: Header

OSPF:    Version 2

OSPF:    Type 2 (Database Description)

OSPF:    Packet Len 32

OSPF:    Router ID 1.1.1.1

OSPF:    Area ID 0.0.0.0

OSPF:    Checksum 0xb327

OSPF:    AuType 0

OSPF: Database Description

OSPF:    Interface MTU 1494 <- MTU size

OSPF:    Options 0x42 (*|O|-|-|-|-|E|-)

OSPF:    Bits 7 (-|I|M|MS)

OSPF:    Sequence Number 0x000000d7

OSPF:    # LSA Headers 0

OSPF: -------------------------------------------------------

OSPF: RECV[DD]: From 1.1.1.1 via port1:10.10.3.3: Negotiation fails, packet discarded

OSPF: NFSM[port1:10.10.3.3-1.1.1.1]: DD Retransmit timer expire
```

Y en el paquete *Hello*:

Ejemplo 5.28

```
OSPF: SEND[DD]: To 10.10.3.1 via port1:10.10.3.3, length 32

OSPF: ------------------------------------------------------

OSPF: Header

OSPF:    Version 2

OSPF:    Type 2 (Database Description)

OSPF:    Packet Len 32

OSPF:    Router ID 3.3.3.3

OSPF:    Area ID 0.0.0.0

OSPF:    Checksum 0xafe4

OSPF:    AuType 0

OSPF: Database Description

OSPF:    Interface MTU 1500 <- MTU size

OSPF:    Options 0x42 (*|O|-|-|-|-|E|-)

OSPF:    Bits 7 (-|I|M|MS)

OSPF:    Sequence Number 0x00000010

OSPF:    # LSA Headers 0

OSPF: ------------------------------------------------------
```

Necesitas comparar el output en los dos equipos para ver si hay alguna diferencia. En este caso, FG-C tiene un MTU de 1500 en port1.

Ejemplo 5.29

```
FG-C # get router info ospf interface port1

port1 is up, line protocol is up
```

```
Internet Address 10.10.3.3/24, Area 0.0.0.0, MTU 1500

Process ID 0, VRF 0, Router ID 3.3.3.3, Network Type BROADCAST, Cost: 1

Transmit Delay is 1 sec, State Backup, Priority 1

Designated Router (ID) 1.1.1.1, Interface Address 10.10.3.1

Backup Designated Router (ID) 3.3.3.3, Interface Address 10.10.3.3

Timer intervals conFigurad, Hello 10.000, Dead 40, Wait 40, Retransmit 5

  Hello due in 00:00:07

Neighbor Count is 1, Adjacent neighbor count is 0

Crypt Sequence Number is 9

Hello received 58 sent 59, DD received 116 sent 116

LS-Req received 0 sent 0, LS-Upd received 0 sent 0

LS-Ack received 0 sent 0, Discarded 0




FG-C #
```

Y FG-A un MTU de 1494 en port3. Como ya sabemos, estos valores tienen que ser coincidentes para que se pueda establece relación entre los vecinos.

Ejemplo 5.30

```
FG-A # get router info ospf interface port3

port3 is up, line protocol is up

  Internet Address 10.10.3.1/24, Area 0.0.0.0, MTU 1494

  Process ID 0, VRF 0, Router ID 1.1.1.1, Network Type BROADCAST, Cost: 1

  Transmit Delay is 1 sec, State DR, Priority 1

  Designated Router (ID) 1.1.1.1, Interface Address 10.10.3.1

  Backup Designated Router (ID) 3.3.3.3, Interface Address 10.10.3.3

  Timer intervals conFigurad, Hello 10.000, Dead 40, Wait 40, Retransmit 5

    Hello due in 00:00:03
```

```
Neighbor Count is 1, Adjacent neighbor count is 0

Crypt Sequence Number is 10

Hello received 67 sent 86, DD received 0 sent 132

LS-Req received 0 sent 0, LS-Upd received 0 sent 0

LS-Ack received 0 sent 0, Discarded 132
```

5.3   BGP

El único Protocolo de *Gateway* Exterior, o EGP, usado en Internet es BGP y es soportado por FortiGate. Como ya posiblemente sabes, puede ser implementado con dos variaciones, internal (*iBGP*) o external (*eBGP*). A continuación os presento algunos de los escenarios más comunes, dos ISPs y uso de Ingeniería de Tráfico o *Traffic Engineering*.

El objetivo aquí es envíar el tráfico a las redes 197.1.1.0/24 and 198.1.1.0/24 a través del puerto 1, conectado al ISP1.

Figura 5.3

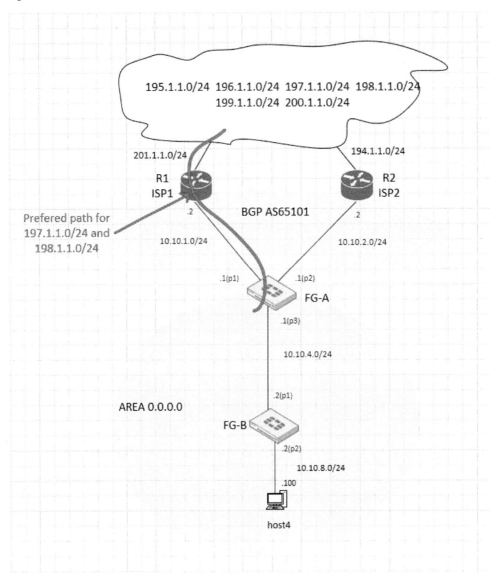

Analicemos la configuración actual de BGP usando los siguientes comandos:

Ejemplo 5.31

```
get router info protocols

get router info bgp summary

get router info bgp network

get router info routing-table bgp

diagnose ip router bgp level info

diagnose ip router bgp all enable

diagnose debug enable
```

Como puedes ver, el *route map* se aplica al vecino 10.10.1.2, que es el ISP1 (R1):

Ejemplo 5.32

```
FG-A # get router info protocols

…

Routing Protocol is "bgp 65101"

  IGP synchronization is disabled

  Automatic route summarization is disabled

  Default local-preference applied to incoming route is 100

  Redistributing: connected, ospf

  Neighbor(s):

  Address        AddressFamily FiltIn FiltOut DistIn DistOut RouteMapIn RouteMapOut
  Weight

  10.10.1.2              unicast                                pref-197-198-isp1root

  10.10.2.2              unicast


FG-A #
```

El estado de los dos vecinos es *UP* y todos los mensajes entre FG-A y sus BGP *Peers* se intercambian de manera correcta.

Ejemplo 5.33

```
FG-A # get router info bgp summary

BGP router identifier 1.1.1.1, local AS number 65101

BGP table version is 4

1 BGP AS-PATH entries

0 BGP community entries


Neighbor        V        AS MsgRcvd MsgSent   TblVer  InQ OutQ Up/Down  State/PfxRcd

10.10.1.2       4     65101      10      10        3    0    0 00:06:06           2

10.10.2.2       4     65101      12      12        2    0    0 00:07:56           8


Total number of neighbors 2


FG-A #
```

El comando **get router info bgp network** muestra que la ruta para la mayoría de los prefijos es vía ISP2. Como hemos comentado arriba, sólo dos prefijos deberían estar disponibles a través de ISP1 (con siguiente salto 10.10.1.2).

Ejemplo 5.34

```
FG-A # get router info bgp network

BGP table version is 4, local router ID is 1.1.1.1

Status codes: s suppressed, d damped, h history, * valid, > best, i - internal,

              S Stale

Origin codes: i - IGP, e - EGP, ? - incomplete
```

```
   Network          Next Hop         Metric LocPrf Weight RouteTag Path
*> 10.10.1.0/24     0.0.0.0                         32768          0 ?
*                   0.0.0.0                 100     32768          0 i
* i10.10.2.0/24     10.10.2.2           0   100         0          0 I
*>                  0.0.0.0                         32768          0 ?
*                   0.0.0.0                 100     32768          0 i
*> 10.10.4.0/24     0.0.0.0                         32768          0 ?
*> 10.10.8.0/24     10.10.4.2           2           32768          0 ? <- path to area
0.0.0.0
*> 10.10.10.0/24    0.0.0.0                         32768          0 ?
*>i194.1.1.0        10.10.2.2           0   100         0          0 i
*>i195.1.1.0        10.10.2.2           0   100         0          0 i
*>i196.1.1.0        10.10.2.2           0   100         0          0 i
*>i197.1.1.0        10.10.1.2           0   200         0          0 i <- via ISP1
* i                 10.10.2.2           0   100         0          0 i
*>i198.1.1.0        10.10.1.2           0   200         0          0 i <- via ISP1
* i                 10.10.2.2           0   100         0          0 i
*>i199.1.1.0        10.10.2.2           0   100         0          0 i
*>i200.1.1.0        10.10.2.2           0   100         0          0 i


Total number of prefixes 12


FG-A #
```

En la tabla de enrutamiento podemos ver el resumen en detalle del ejemplo anterior:

Ejemplo 5.35

```
FG-A # get router info routing-table bgp


Routing table for VRF=0
B       194.1.1.0/24 [200/0] via 10.10.2.2, port2, 00:08:40
B       195.1.1.0/24 [200/0] via 10.10.2.2, port2, 00:08:40
B       196.1.1.0/24 [200/0] via 10.10.2.2, port2, 00:08:40
B       197.1.1.0/24 [200/0] via 10.10.1.2, port1, 00:06:50 <- via ISP1
B       198.1.1.0/24 [200/0] via 10.10.1.2, port1, 00:06:50 <- via ISP1
B       199.1.1.0/24 [200/0] via 10.10.2.2, port2, 00:08:40
B       200.1.1.0/24 [200/0] via 10.10.2.2, port2, 00:08:40



FG-A #
```

Cuando quieres monitorizar el intercambio inicial de paquetes, puedes resetear al vecino BGP:

Ejemplo 5.36

```
execute router clear bgp all
```

Y habilitar los comandos debugs correspondientes:

Ejemplo 5.37

```
diagnose ip router bgp level info
diagnose ip router bgp all enable
diagnose debug enable
```

Ambos vecinos están inactivos por el motivo *"user reset"*

Ejemplo 5.38

```
id=20300 logdesc="BGP neighbor status changed" msg="BGP: %BGP-5-ADJCHANGE: neighbor
10.10.1.2 Down BGP Notification CEASE"

id=20300 logdesc="BGP neighbor status changed" msg="BGP: %BGP-5-ADJCHANGE: neighbor
10.10.1.2 Down User reset"

id=20300 logdesc="BGP neighbor status changed" msg="BGP: %BGP-5-ADJCHANGE: neighbor
10.10.2.2 Down BGP Notification CEASE"

id=20300 logdesc="BGP neighbor status changed" msg="BGP: %BGP-5-ADJCHANGE: neighbor
10.10.2.2 Down User reset"
```

Después de intercambiar un par de paquetes y que se muevan a través de todos los estados BGP(**Idle -> Connect -> Active -> OpenSent -> OpenConfirm -> Established)**, la relación entre los vecinos es completa (*UP*):

Ejemplo 5.39

```
BGP: 10.10.2.2-Outgoing [FSM] State: Idle Event: 3

BGP: 10.10.2.2-Outgoing [NETWORK] FD=21, Sock Status: 113-No route to host

BGP: 10.10.2.2-Outgoing [FSM] State: Connect Event: 18

BGP: 10.10.2.2-Outgoing [FSM] State: Active Event: 14

BGP: 10.10.2.2-Outgoing [FSM] InConnReq: Accepting...

BGP: 10.10.2.2-Outgoing [NETWORK] FD=23, Sock Status: 0-Success

BGP: 10.10.2.2-Outgoing [FSM] State: Active Event: 17

BGP: 10.10.2.2-Outgoing [ENCODE] Msg-Hdr: Type 1

BGP: 10.10.2.2-Outgoing [ENCODE] Open: Ver 4 MyAS 65101 Holdtime 180

BGP: 10.10.2.2-Outgoing [ENCODE] Open: Msg-Size 61

BGP: 10.10.2.2-Outgoing [DECODE] Msg-Hdr: type 1, length 53

BGP: 10.10.2.2-Outgoing [DECODE] Open: Optional param len 24

BGP: 10.10.2.2-Outgoing [DECODE] Open Opt: Option Type 2, Option Len 6

BGP: 10.10.2.2-Outgoing [DECODE] Open Cap: Cap Code 1, Cap Len 4
```

```
BGP: 10.10.2.2-Outgoing [DECODE] Open Opt: Option Type 2, Option Len 2

BGP: 10.10.2.2-Outgoing [DECODE] Open Cap: Cap Code 128, Cap Len 0

BGP: 10.10.2.2-Outgoing [DECODE] Open Cap: RR Cap(old) for all address-families

BGP: 10.10.2.2-Outgoing [DECODE] Open Opt: Option Type 2, Option Len 2

BGP: 10.10.2.2-Outgoing [DECODE] Open Cap: Cap Code 2, Cap Len 0

BGP: 10.10.2.2-Outgoing [DECODE] Open Cap: RR Cap(new) for all address-families

BGP: 10.10.2.2-Outgoing [DECODE] Open Opt: Option Type 2, Option Len 6

BGP: 10.10.2.2-Outgoing [DECODE] Open Cap: Cap Code 65, Cap Len 4

BGP: 10.10.2.2-Outgoing [FSM] State: OpenSent Event: 19

BGP: 10.10.2.2-Outgoing [ENCODE] Msg-Hdr: Type 4

BGP: 10.10.2.2-Outgoing [ENCODE] Keepalive: 15 KAlive msg(s) sent

BGP: 10.10.2.2-Outgoing [DECODE] Msg-Hdr: type 4, length 19

BGP: 10.10.2.2-Outgoing [DECODE] KAlive: Received!

BGP: 10.10.2.2-Outgoing [FSM] State: OpenConfirm Event: 26

BGP: 10.10.2.2-Outgoing [DECODE] Msg-Hdr: type 4, length 19

BGP: 10.10.2.2-Outgoing [DECODE] KAlive: Received!

BGP: 10.10.2.2-Outgoing [FSM] State: Established Event: 26

id=20300 logdesc="BGP neighbor status changed" msg="BGP: %BGP-5-ADJCHANGE: neighbor
10.10.2.2 Up "
```

En el siguiente paso, una vez la adyacencia está establecida, ISP2 envía un mensaje de actualización con todos sus prefijos:

Ejemplo 5.40

```
BGP: 10.10.2.2-Outgoing [FSM] State: Established Event: 34

BGP: 10.10.2.2-Outgoing [ENCODE] Msg-Hdr: Type 2

BGP: 10.10.2.2-Outgoing [ENCODE] Attr IP-Unicast: Tot-attr-len 21

BGP: 10.10.2.2-Outgoing [ENCODE] Update: Msg #3 Size 60

BGP: 10.10.2.2-Outgoing [ENCODE] Msg-Hdr: Type 2
```

```
BGP: 10.10.2.2-Outgoing [ENCODE] Attr IP-Unicast: Tot-attr-len 28

BGP: 10.10.2.2-Outgoing [ENCODE] Update: Msg #4 Size 55

BGP: 10.10.2.2-Outgoing [DECODE] Msg-Hdr: type 2, length 84

BGP: 10.10.2.2-Outgoing [DECODE] Update: Starting UPDATE decoding... Bytes To Read (65),
msg_size (65)

BGP: 10.10.2.2-Outgoing [DECODE] Update: NLRI Len(32)

BGP: 10.10.2.2-Outgoing [FSM] State: Established Event: 27

BGP: 10.10.2.2-Outgoing [RIB] Update: Received Prefix 10.10.2.0/24

BGP: 10.10.2.2-Outgoing [RIB] Update: Received Prefix 200.1.1.0/24

BGP: 10.10.2.2-Outgoing [RIB] Update: Received Prefix 199.1.1.0/24

BGP: 10.10.2.2-Outgoing [RIB] Update: Received Prefix 198.1.1.0/24

BGP: 10.10.2.2-Outgoing [RIB] Update: Received Prefix 197.1.1.0/24

BGP: 10.10.2.2-Outgoing [RIB] Update: Received Prefix 196.1.1.0/24

BGP: 10.10.2.2-Outgoing [RIB] Update: Received Prefix 195.1.1.0/24

BGP: 10.10.2.2-Outgoing [RIB] Update: Received Prefix 194.1.1.0/24
```

En este escenario que estamos viendo, no hay ningún problema. Todos los prefijos se intercambian de manera correcta y los vecinos están activos. Pero, ¿qué puedes hacer si ves un problema como el de abajo?

Ejemplo 5.41

```
FG-A # get router info bgp summary

BGP router identifier 1.1.1.1, local AS number 65101

BGP table version is 2

1 BGP AS-PATH entries

0 BGP community entries


Neighbor        V       AS MsgRcvd MsgSent    TblVer   InQ OutQ Up/Down   State/PfxRcd

10.10.1.2       4    65101      27      32         1     0    0 00:00:18          2

10.10.2.2       4    65101      25      29         0     0    0 00:00:26   Active
```

```
Total number of neighbors 2
```

El estado "*Active*" signfica que hay un problema con la sesión TCP entre los peers. Otra vez, hagamos uso del comando pertinente para ver qué podemos averiguar:

Ejemplo 5.42

```
FG-A # diagnose sniffer packet any 'host 10.10.2.2 and tcp and port 179' 4 a

interfaces=[any]

filters=[host 10.10.2.2 and tcp and port 179]

8.418737 port2 in 10.10.2.2.41850 -> 10.10.2.1.179: syn 246923848

9.418945 port2 in 10.10.2.2.41850 -> 10.10.2.1.179: syn 246923848

11.417101 port2 in 10.10.2.2.41850 -> 10.10.2.1.179: syn 246923848

15.409141 port2 in 10.10.2.2.41850 -> 10.10.2.1.179: syn 246923848

23.395763 port2 in 10.10.2.2.41850 -> 10.10.2.1.179: syn 246923848
```

Los paquetes *TCP SYN* son solo enviados por R2 (ISP2), sin haber respuesta de FG-A. El comando **diagnose debug flow** en FG-A nos muestra mas detalles:

Ejemplo 5.43

```
id=20085 trace_id=4 func=print_pkt_detail line=5384 msg="vd-root:0 received a
packet(proto=6, 10.10.2.2:41852->10.10.2.1:179) from port2. flag [S], seq 1708216250, ack 0,
win 29200"

id=20085 trace_id=4 func=init_ip_session_common line=5544 msg="allocate a new session-
00000b80"

id=20085 trace_id=4 func=vf_ip_route_input_common line=2591 msg="find a route: flag=84000000
gw-10.10.2.1 via root"

id=20085 trace_id=4 func=fw_local_in_handler line=409 msg="iprope_in_check() check failed on
policy 1, drop"
```

La razón por la que FG-A no envía *TCP SYN/ACK* es la política #1. Las reglas del firewall, que permiten o deniegan tráfico de tránsito, no controlan el tráfico desde o hacia el FW, es decir, el FW en sí como origen o destino. *Local-in Policy* supervisa esto:

Ejemplo 5.44

```
FG-A (1) # sh
config firewall local-in-policy
    edit 1
        set intf "port2"
        set srcaddr "all"
        set dstaddr "all"
        set service "BGP"
        set schedule "always"
    next
end
```

Una vez BGP se permite en la *local-in-policy*, la adyacencia cambia y vemos cambios en los estados de los *peers*.

6   Alta Disponibilidad

En el caso de que necesitemos Alta Disponibilidad (*High Availability*), *Fortigate* puede trabajar como un clúster HA. Puedes experimentar multitud de problemas durante la configuración inicial, como *failover* o fallos en la sincronización de la configuración. Fortigate tiene su protocolo propietario *Fortigate Clustering Protocol* (*FGCP*) y también *VRRP* (*Virtual Router Redundancy Protocol*). Estos protocolos trabajan de manera diferente. FGCP es la elección primaria si tienes al menos dos equipos idénticos. Pueden trabajar en activo-pasivo o en modo activo-activo. VRRP es un estándar RFC (RFC 5798) y no provee sincronización de configuración en los miembros del cluster. Se recomienda utilizarlo sólo si tienes distintos modelos Fortigates o equipos diferentes.

6.1   FortiGate Clustering Protocol (FGCP)

Del *output* del siguiente comando puedes tener una idea general sobre el estado del HA:

Ejemplo 6.1

```
FG-B # get system status
Version: FortiGate-VM64 v5.6.6,build1630,180913 (GA)
Virus-DB: 1.00123(2015-12-11 13:18)
Extended DB: 1.00000(2012-10-17 15:46)
IPS-DB: 6.00741(2015-12-01 02:30)
IPS-ETDB: 0.00000(2001-01-01 00:00)
APP-DB: 6.00741(2015-12-01 02:30)
INDUSTRIAL-DB: 6.00741(2015-12-01 02:30)
Serial-Number: FGVMEVU7FZZYAIE7
IPS Malicious URL Database: 1.00001(2015-01-01 01:01)
Botnet DB: 1.00000(2012-05-28 22:51)
License Status: Valid
Evaluation License Expires: Sat Nov 17 06:41:47 2018
VM Resources: 1 CPU/1 allowed, 995 MB RAM/1024 MB allowed
BIOS version: 04000002
Log hard disk: Available
Hostname: FG-B
Operation Mode: NAT
Current virtual domain: root
Max number of virtual domains: 1
Virtual domains status: 1 in NAT mode, 0 in TP mode
Virtual domain configuration: disable
```

```
FIPS-CC mode: disable
Current HA mode: a-p, master <- Confirmación de que HA está habilitado en modo activo-pasivo
y el equipo es el maestro

Cluster uptime: 14 minutes, 6 seconds
Cluster state change time: 2018-11-11 14:21:37
Branch point: 1630
Release Version Information: GA
FortiOS x86-64: Yes
System time: Sun Nov 11 14:22:38 2018

FG-B #
```

Podemos ver que HA está habilitado, el modo es activo-pasivo (a-p) y FG-B es el *master*.

El comando **get system ha status** nos da más detalles sobre el estado HA:

Ejemplo 6.2

```
FG-B # get system ha status
HA Health Status: OK
Model: FortiGate-VM64
Mode: HA A-P
Group: 0
Debug: 0
Cluster Uptime: 0 days 00:14:16
Cluster state change time: 2018-11-11 14:21:37
Master selected using:
    <2018/11/11 14:21:37> FGVMEVU7FZZYAIE7 is selected as the master because it has the
largest value of override priority.
    <2018/11/11 14:21:22> FGVMEVU7FZZYAIE7 is selected as the master because it has the
largest value of uptime.
    <2018/11/11 14:08:48> FGVMEVU7FZZYAIE7 is selected as the master because it's the only
member in the cluster.
ses_pickup: enable, ses_pickup_delay=disable
override: disable
Configuration Status:
    FGVMEVU7FZZYAIE7(updated 5 seconds ago): in-sync
    FGVMEVQGU8XTKE11(updated 5 seconds ago): out-of-sync
    FGVMEVECFB0ZBBDC(updated 3 seconds ago): out-of-sync
System Usage stats:
System Usage stats:
    FGVMEVU7FZZYAIE7(updated 5 seconds ago):
        sessions=2, average-cpu-user/nice/system/idle=0%/0%/0%/100%, memory=61% <-
utilization of members
    FGVMEVQGU8XTKE11(updated 5 seconds ago):
        sessions=0, average-cpu-user/nice/system/idle=0%/0%/0%/100%, memory=60% <-
utilization of members
```

```
    FGVMEVECFB0ZBBDC(updated 3 seconds ago):
        sessions=0, average-cpu-user/nice/system/idle=0%/0%/0%/100%, memory=55% <-
utilization of members
HBDEV stats:  <- heartbeat status
    FGVMEVU7FZZYAIE7(updated 5 seconds ago):
        port9: physical/1000auto, up, rx-bytes/packets/dropped/errors=454376/1482/0/0,
tx=2097208/4758/0/0
    FGVMEVQGU8XTKE11(updated 5 seconds ago):
        port9: physical/1000auto, up, rx-bytes/packets/dropped/errors=453013/1151/0/0,
tx=1408259/3336/0/0
    FGVMEVECFB0ZBBDC(updated 3 seconds ago):
        port9: physical/1000auto, up, rx-bytes/packets/dropped/errors=416231/998/0/0,
tx=205476/656/0/0
MONDEV stats:
    FGVMEVU7FZZYAIE7(updated 5 seconds ago):
        port1: physical/1000auto, up, rx-bytes/packets/dropped/errors=931919/2322/0/0,
tx=960/16/0/0
        port3: physical/1000auto, up, rx-bytes/packets/dropped/errors=931919/2322/0/0,
tx=960/16/0/0
    FGVMEVQGU8XTKE11(updated 5 seconds ago):
        port1: physical/1000auto, up, rx-bytes/packets/dropped/errors=657294/1790/0/0,
tx=360/6/0/0
        port3: physical/1000auto, up, rx-bytes/packets/dropped/errors=657294/1790/0/0,
tx=360/6/0/0
    FGVMEVECFB0ZBBDC(updated 3 seconds ago):
        port1: physical/1000auto, up, rx-bytes/packets/dropped/errors=3254/36/0/0,
tx=0/0/0/0
        port3: physical/1000auto, up, rx-bytes/packets/dropped/errors=3254/36/0/0,
tx=0/0/0/0

Master: FG-B              , FGVMEVU7FZZYAIE7, cluster index = 0   → master HA unit
Slave : FG-C              , FGVMEVQGU8XTKE11, cluster index = 1
Slave : FG-D              , FGVMEVECFB0ZBBDC, cluster index = 2
number of vcluster: 1
vcluster 1: work 169.254.0.1
Master: FGVMEVU7FZZYAIE7, operating cluster index = 0
Slave : FGVMEVECFB0ZBBDC, operating cluster index = 2
Slave : FGVMEVQGU8XTKE11, operating cluster index = 1
```

A veces, durante la sincronización, nos podemos encontrar con diversos problemas. Lo primero que deberíamos verificar es el *checksum*, que tiene que ser igual en todos los miembros del clúster.

Ejemplo 6.3

```
FG-B # diagnose sys ha checksum show
is_manage_master()=1, is_root_master()=1
```

```
debugzone
global: 37 5b cb 67 fe 58 17 ad 4f 68 bd 2e ca 22 42 e4
root: 38 3f c9 b8 f4 56 82 59 e7 41 47 b8 98 34 b5 ac
all: da 48 26 98 48 55 44 84 34 ac bd d4 3b ab b0 59

checksum
global: 37 5b cb 67 fe 58 17 ad 4f 68 bd 2e ca 22 42 e4
root: 38 3f c9 b8 f4 56 82 59 e7 41 47 b8 98 34 b5 ac
all: da 48 26 98 48 55 44 84 34 ac bd d4 3b ab b0 59

FG-B #
```

En el caso de que tengamos más grupos HA, podemos mirar el *output* del siguiente comando, que nos da información sobre los miembros de cada grupo.

Ejemplo 6.4

```
FG-B # diagnose sys ha dump-by group
            HA information.
group-id=0, group-name='GR1'

gmember_nr=3
'FGVMEVECFB0ZBBDC': ha_ip_idx=2, hb_packet_version=4, last_hb_jiffies=90592, linkfails=0,
weight/o=0/0
    hbdev_nr=1: port9(mac=000c..f2, last_hb_jiffies=90592, hb_lost=0),
'FGVMEVQGU8XTKE11': ha_ip_idx=1, hb_packet_version=4, last_hb_jiffies=90598, linkfails=0,
weight/o=0/0
    hbdev_nr=1: port9(mac=000c..21, last_hb_jiffies=90598, hb_lost=0),
'FGVMEVU7FZZYAIE7': ha_ip_idx=0, hb_packet_version=4, last_hb_jiffies=0, linkfails=0,
weight/o=0/0

vcluster_nr=1
vcluster_0: start_time=1541974108(2018-11-11 14:08:28),
state/o/chg_time=2(work)/2(work)/1541974128(2018-11-11 14:08:48)
    mondev: port1(prio=50,is_aggr=0,status=1) port3(prio=50,is_aggr=0,status=1)
    'FGVMEVECFB0ZBBDC': ha_prio/o=2/2, link_failure=0, pingsvr_failure=0, flag=0x00000000,
uptime/reset_cnt=0/0
    'FGVMEVQGU8XTKE11': ha_prio/o=1/1, link_failure=0, pingsvr_failure=0, flag=0x00000000,
uptime/reset_cnt=540/0
    'FGVMEVU7FZZYAIE7': ha_prio/o=0/0, link_failure=0, pingsvr_failure=0, flag=0x00000001,
uptime/reset_cnt=789/0

FG-B #
```

Usando comandos *debug*, podemos también monitorizar la comunicación entre los distintos miembros del clúster, como re-elección, eliminaciones, etc.

Ejemplo 6.5

```
diagnose debug console timestamp enable

diagnose debug application hatalk -1

diagnose debug application hasync -1

diagnose debug enable
```

Ejemplo 6.6

```
2018-11-11 14:27:39 send udp packet to all peers: type=21(hastats), len=392
2018-11-11 14:27:40 member 'FGVMEVQGU8XTKE11' lost heartbeat on hbdev 'port9': now=114829,
last_hb_jiffies+timeout=114426+400=114826
2018-11-11 14:27:40 lost member 'FGVMEVQGU8XTKE11' heartbeat, delete it
2018-11-11 14:27:40 deleting gmember 'FGVMEVQGU8XTKE11'
2018-11-11 14:27:40 vcluster_0: deleting vmember 'FGVMEVQGU8XTKE11'
2018-11-11 14:27:40 vcluster_0: reelect=1, delete-vmember
2018-11-11 14:27:40 cfg_changed is set to 1: hatalk_del_member
2018-11-11 14:27:40 vcluster_0: reelect=0, hatalk_vcluster_timer_func
2018-11-11 14:27:40 vcluster_0: 'FGVMEVU7FZZYAIE7' is elected as the cluster master of 2
members
2018-11-11 14:27:40 vcluster_0: state changed, 2(work)->2(work)
2018-11-11 14:27:40 vcluster_0: work_as_master immediately
```

6.2   Virtual Router Routing Protocol (VRRP)

Comparado con FGCP, el número de comandos disponibles para realizar resolución de fallos con VRRP es bastante limitado. Este protocolo ofrece menos funcionalidad, pero podemos hacer uso de él como FHRP (*First Hop Redundancy Protocol*, protocolo de redundancia) en FWs de diferentes modelos.

Partiendo del siguiente diseño, iré revisando algunos comandos muy útiles para ver si tenemos algún problema en nuestra topología.

Figura 6.1

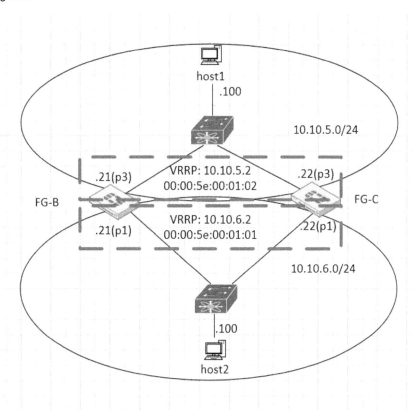

Debajo puedes ver el estado actual: FB-B es el maestro, con una prioridad de 200. También se muestra la MAC virtual que debería aparecer en la tabla ARP del host 2.

Ejemplo 6.7

```
FG-B # get router info vrrp
Interface: port1, primary IP address: 10.10.6.21
  UseVMAC: 1, SoftSW: 0, BrPortIdx: 0, PromiscCount: 1
  HA mode: master (0:2)
  VRID: 1
    vrip: 10.10.6.2, priority: 200 (200,0), state: MASTER
    adv_interval: 1, preempt: 1, start_time: 3
    vrmac: 00:00:5e:00:01:01 → MAC virtual que debería verse en el host 2

vrdst: 10.10.6.100
    vrgrp: 1
```

```
Interface: port3, primary IP address: 10.10.5.21
  UseVMAC: 1, SoftSW: 0, BrPortIdx: 0, PromiscCount: 1
  HA mode: master (0:2)
  VRID: 2
    vrip: 10.10.5.2, priority: 200 (200,0), state: MASTER
    adv_interval: 1, preempt: 1, start_time: 3
    vrmac: 00:00:5e:00:01:02 → Mac virtual que debería verse en el host 1

    vrdst: 10.10.5.100
    vrgrp: 2
```

FG-C es el backup, con una prioridad de 100. Se puede comprobar que es la misma MAC virtual asignada que al *master* que debería, a su vez, aparecer en la tabla ARP del host 1.

Ejemplo 6.8

```
FG-C # get router info vrrp
Interface: port1, primary IP address: 10.10.6.22
  UseVMAC: 1, SoftSW: 0, BrPortIdx: 0, PromiscCount: 0
  HA mode: master (0:2)
  VRID: 1
    vrip: 10.10.6.2, priority: 100 (100,0), state: BACKUP
    adv_interval: 1, preempt: 1, start_time: 3
    vrmac: 00:00:5e:00:01:01→ MAC virtual asignado al MASTER

    vrdst: 10.10.6.100
    vrgrp: 1

Interface: port3, primary IP address: 10.10.5.22
  UseVMAC: 1, SoftSW: 0, BrPortIdx: 0, PromiscCount: 0
  HA mode: master (0:2)
  VRID: 2
    vrip: 10.10.5.2, priority: 100 (100,0), state: BACKUP
    adv_interval: 1, preempt: 1, start_time: 3
    vrmac: 00:00:5e:00:01:02 → MAC Virtual asignada al MASTER
    vrdst: 10.10.5.100
    vrgrp: 2


FG-C #
```

Si lanzas un *ping* desde el host 1 a la IP virtual 10.10.5.2 (puerta de enlace), el maestro envía *ICMP reply*.

Ejemplo 6.9

```
[student@host1 ~]$ ping gateway

PING gateway (10.10.5.2) 56(84) bytes of data.   → ping IP Virtual

64 bytes from gateway (10.10.5.2): icmp_seq=1 ttl=255 time=0.662 ms

64 bytes from gateway (10.10.5.2): icmp_seq=2 ttl=255 time=0.370 ms

64 bytes from gateway (10.10.5.2): icmp_seq=3 ttl=255 time=0.383 ms

^C

--- gateway ping statistics ---

3 packets transmitted, 3 received, 0% packet loss, time 2001ms

rtt min/avg/max/mdev = 0.370/0.471/0.662/0.137 ms
```

Tal como muestra la tabla ARP, host1 aprende tanto la MAC virtual como la real.

Ejemplo 6.10

```
[student@host1 ~]$ arp

Address                 HWtype  HWaddress          Flags Mask        Iface

10.10.5.21              ether   00:0c:29:73:0a:8c  C                 ens33

gateway                 ether   00:00:5e:00:01:02  C                 ens33  →
MASTER's MAC address

[student@localhost ~]$
```

139

7 Balanceador de carga

Fortigate puede actuar también como balanceador de carga -*load balancer*-. Esta opción está implementada como una extensión del DNAT (NAT destino, *Destination* NAT). Se puede o bien hacer un mapeo uno a uno, llamado estático, o de uno a varios.

En el siguiente ejemplo tenemos una VIP (10.10.6.100) configurada como un objecto destino en el Firewall. Host1 inicia la conexión a la VIP y, basada en el método del balanceador, el tráfico se envía al host2 o host3.

Figura 7.1

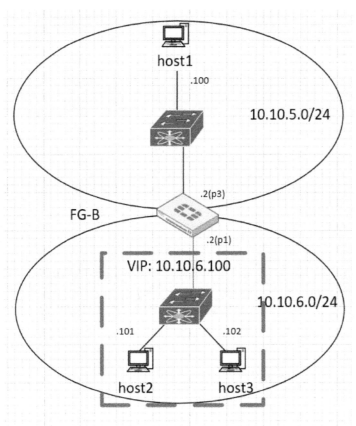

En FG-B hay un *ldb-monitor*, de tipo *http* en este caso, que monitoriza la disponibilidad del host2 y host3:

Ejemplo 7.1

```
FG-B # get firewall ldb-monitor
== [ LB-MONITOR ]
name: LB-MONITOR   type: http    interval: 10   timeout: 2   retry: 3   port: 80   http-get:
/    http-match: host    http-max-redirects: 0

FG-B #
```

El número de paquetes enviados como *health check* (para determinar si el host esta 'sano" o disponible), nos muestra cuántos servidores han ido de no disponibles a activos y al revés (o mejor, de down a up). Aquí podemos apreciar como son dos los equipos que se activaron.

Ejemplo 7.2

```
FG-B # diagnose firewall vip realserver healthcheck stats show


FG-B # vip: VIP-test1

-------------------------

  time since last status change: 42951032

  num of successful checks since last status change:     260

  num of failed checks since last status change: 0

  num of times server up->down:          0 <- ningún servidor fue de up a down

  num of times server down->up:          2

  num of times server failovers: 0

  num of ping detects performed: 0

  num of failed ping detects:       0

  num of tcp detects performed:     0

  num of failed tcp detects:        0
```

```
num of http detects performed: 1082

num of failed http detects:          815
```

Hay más detalles sobre cada una de las VIP y los servidores reales en el siguiente pantallazo. Ambos servidores están activos y disponibles:

Ejemplo 7.3

```
FG-B # diagnose firewall vip realserver list

alloc=3

-----------------------------

vf=0 name=VIP-test1/1 class=4 type=1 10.10.6.100:(80-80), protocol=6    <- detalles de la VIP

total=2 alive=2 power=2 ptr=4294938466 <- numero de servidores reales

ip=10.10.6.101-10.10.6.101/80 adm_status=0 holddown_interval=300 max_connections=0 weight=1
option=01

   alive=1 total=1 enable=00000001 alive=00000001 power=1

   src_sz=0

   id=0 status=up ks=0 us=0 events=1 bytes=11480 rtt=0  <- estado del servidor real (up)

ip=10.10.6.102-10.10.6.102/80 adm_status=0 holddown_interval=300 max_connections=0 weight=1
option=01

   alive=1 total=1 enable=00000001 alive=00000001 power=1

   src_sz=0

   id=0 status=up ks=0 us=0 events=1 bytes=2642 rtt=0  <- estado del servidor real (up)


FG-B #
```

El comando **diagnose sniffer** nos da la confirmación final de que no hay problemas de comunicación/conexión entre FB-B y los servidores. Fijaros como se completa el intercambio a tres vías de TCP con uno de los servidores. Esto significa que dicho *server* tiene el puerto 80 disponible y la comunicación no está bloqueada:

Ejemplo 7.4

```
FG-B # diagnose sniffer packet any 'host 10.10.6.102' 4 a

interfaces=[any]

filters=[host 10.10.6.102]

2.838167 port1 out 10.10.6.2.16573 -> 10.10.6.102.80: syn 1853128957

2.839175 port1 in 10.10.6.102.80 -> 10.10.6.2.16573: syn 2202768714 ack 1853128958

2.839263 port1 out 10.10.6.2.16573 -> 10.10.6.102.80: ack 2202768715

2.839556 port1 out 10.10.6.2.16573 -> 10.10.6.102.80: psh 1853128958 ack 2202768715

...

10 packets received by filter

0 packets dropped by kernel


FG-B #
```

Si tiramos el servidor, podemos apreciar la diferencia en el output del comando **diagnose**. Esta acción (*Server down*), la recoge FG-B:

Ejemplo 7.5

```
FG-B # diagnose firewall vip realserver healthcheck stats show

FG-B # vip: VIP-test1


  time since last status change: 42949821

  num of successful checks since last status change:      14

  num of failed checks since last status change: 42

  num of times server up->down:           1 <- un servidor real ha caido

  num of times server down->up:           2

  num of times server failovers: 0

  num of ping detects performed: 0

  num of failed ping detects:          0
```

```
num of tcp detects performed:        0

num of failed tcp detects:           0

num of http detects performed: 1268

num of failed http detects:          860
```

El estado del servidor con la ip 10.10.6.103 (host 3) es *down*:

Ejemplo 7.6

```
FG-B # diagnose firewall vip realserver list

alloc=3

------------------------------

vf=0 name=VIP-test1/1 class=4 type=1 10.10.6.100:(80-80), protocol=6   <- detalles de la VIP

total=2 alive=1 power=1 ptr=4294938466

ip=10.10.6.101-10.10.6.101/80 adm_status=0 holddown_interval=300 max_connections=0 weight=1
option=01

   alive=1 total=1 enable=00000001 alive=00000001 power=1

   src_sz=0

   id=0 status=up ks=0 us=0 events=1 bytes=11480 rtt=0  <- estatus del servidor real (up)

ip=10.10.6.102-10.10.6.102/80 adm_status=0 holddown_interval=300 max_connections=0 weight=1
option=01

   alive=0 total=1 enable=00000001 alive=00000000 power=0

   src_sz=0

   id=0 status=down ks=0 us=0 events=2 bytes=2642 rtt=0  <- estatus del servidor real (down)


FG-B #
```

Cuando capturo tráfico entre FG-B y host 3, puedo ver RST viniendo desde el servidor. Esto confirma que el servicio *web* del *server* está caido, y el puerto TCP 80 no está ahora disponible:

Ejemplo 7.7

```
FG-B # diagnose sniffer packet any 'host 10.10.6.102' 4 a

interfaces=[any]

filters=[host 10.10.6.102]

0.940208 port1 in arp who-has 10.10.6.2 tell 10.10.6.102

6.040719 port1 out 10.10.6.2.16599 -> 10.10.6.102.80: syn 1404325277

6.041556 port1 in 10.10.6.102.80 -> 10.10.6.2.16599: rst 0 ack 1404325278 <- el servidor
real RST

8.064013 port1 out 10.10.6.2.16601 -> 10.10.6.102.80: syn 325532802

8.064874 port1 in 10.10.6.102.80 -> 10.10.6.2.16601: rst 0 ack 325532803

10.088179 port1 out 10.10.6.2.16602 -> 10.10.6.102.80: syn 3181361552

10.089056 port1 in 10.10.6.102.80 -> 10.10.6.2.16602: rst 0 ack 3181361553

^C

10 packets received by filter

0 packets dropped by kernel
```

8   Admin access

Tener acceso administrativo es crítico y cualquier problema debería solventarse de manera rápida. Tenemos que asegurarnos que el usuario se ha configurado correctamente en el FortiGate o en el servidor remoto, dependiendo del método de autentificación. Si usamos dos factores de *authentication*, como *Token*, haz uso del servidor NTP. Si tenemos configurado VDOMs, conviene verificar que el administrador tenga los privilegios pertinentes.

Para ver un listado de los administradores que han iniciado sesión, usa el siguiente comando:

Ejemplo 8.1

```
FG-A # get system admin list

username    local     device                    vdom      profile       remote
started

admin       http      port3:7.2.3.254:80        root      super_admin   7.2.3.10:55818
2020-04-03 13:18:07

admin       ssh       port3:7.2.3.254:22        root      super_admin   7.2.3.10:55826
2020-04-03 13:18:28

user1       http      port3:7.2.3.254:80        root      prof_admin    7.2.3.10:55839
2020-04-03 13:19:18

admin       telnet    port3:7.2.3.254:23        root      super_admin   7.2.3.10:55881
2020-04-03 13:21:41


FG-A #
```

8.1   Local-in Policy

Con *local-in policy,* podemos también controlar qué tráfico se envía a y desde el FortiGate. Por defecto, esta lista está vacia y tiene un *permit* implicito, esto es, se permite todo. Una vez agreguemos alguna línea a dicho *policy*, puede repercutir y tener impacto en el acceso al equipo, comunicación de los protocolos de enrutamiento (como el problema comentado en la sección 5.3), etc.

Como demostración, he agregado unas líneas que bloquea el acceso a telnet:

Ejemplo 8.2

```
FG-A # show firewall local-in-policy
config firewall local-in-policy
    edit 1
        set intf "port3"
        set srcaddr "LOC-WIN"
        set dstaddr "all"
        set service "TELNET"
        set schedule "always"
    next
end

FG-A #
```

Esto causará que el usuario no tenga acceso al Firewall via Telnet, incluso con el protocolo habilitado en la interfaz. El comando **diagnose debug flow** muestra el porqué:

Ejemplo 8.3

```
id=20085 trace_id=1033 func=print_pkt_detail line=5517 msg="vd-root:0 received a
packet(proto=6, 7.2.3.10:56008->7.2.3.254:23) from port3. flag [S], seq 1981044830, ack 0,
win 8192"

id=20085 trace_id=1033 func=init_ip_session_common line=5682 msg="allocate a new session-
00274568"

id=20085 trace_id=1033 func=vf_ip_route_input_common line=2591 msg="find a route:
flag=84000000 gw-7.2.3.254 via root"

id=20085 trace_id=1033 func=fw_local_in_handler line=410 msg="iprope_in_check() check failed
on policy 1, drop"
```

8.2 Trusted Source

Una de las opciones o herramientas que siempre recomiendo es una *trusted source* (fuente fiable). Podemos establecer una dirección IP o subred para cada administrador. Si acaso un usuario intenta *loguearse* desde una Ip origen que no se permite, el siguiente mensaje se genera:

Ejemplo 8.4

```
FG-A # execute log filter category 1  <- categoría '1' significa eventos

FG-A # execute log display

…

4: date=2020-04-03 time=13:32:52 logid="0100032002" type="event" subtype="system"
level="alert" vd="root" eventtime=1585945971 logdesc="Admin login failed" sn="0"
user="user2" ui="http(7.2.3.10)" method="http" srcip=7.2.3.10 dstip=7.2.3.254 action="login"
status="failed" reason="ip_blocked" msg="Administrator user2 login failed from
http(7.2.3.10) because of blocked IP"
```

El mensaje es suficientemente claro para entender la causa.

8.3 HTTPS access vs SSL-VPN

Cuando habilitas acceso de administrador (*management access*) y además SSL-VPN en la misma interfaz (y el mismo puerto TCP), SSL VPN tiene una prioridad más alta, quiere decir, que no podrás acceder a la interfaz gráfica de manera remota.

9 Hardware (CPU, memory, disk, flash)

Otra parte importante es el *troubleshooting* de otros apartados del equipo como problemas de hardware o una sobreutilización (*overutilization*). Tenemos que aclarar que no todos los problemas son por fallos de configuración.

9.1 Hardware status

Empecemos con un vistazo al hardware, en el FortiGate VM:

Ejemplo 9.1

```
FG-A # get hardware status
Model name: FortiGate-VM64
ASIC version: not available
CPU: Intel(R) Core(TM) i7-2670QM CPU @ 2.20GHz
Number of CPUs: 1
RAM: 1003 MB
Compact Flash: 2056 MB /dev/sda
Hard disk: 30720 MB /dev/sdb
USB Flash: not available

FG-A #
```

Y ahora al popular modelo 1500D:

Ejemplo 9.2

```
FG-A (global) # get hardware status

Model name: FortiGate-1500D

ASIC version: CP8

ASIC SRAM: 64M

CPU: Intel(R) Xeon(R) CPU E5-1650 v2 @ 3.50GHz

Number of CPUs: 12

RAM: 16064 MB

Compact Flash: 30653 MB /dev/sda

Hard disk: 228936 MB /dev/sdb

USB Flash: not available

Network Card chipset: Broadcom 570x Tigon3 Ethernet Adapter (rev.0x5717100)

Network Card chipset: FortiASIC NP6 Adapter (rev.)


FG-A (global) #
```

9.2   Network Interface Card

En caso de que haya problema de conectividad, podemos verificar el estado del puerto y los errores a nivel de interfaz (tanto VM como en el equipo físico):

Ejemplo 9.3

```
FG-A # get hardware nic port1

Name:          port1

Driver:        e1000

Version:       7.3.21-k8-NAPI

FW version:    N/A

Bus:           0000:02:00.0
```

```
Hwaddr:            00:0c:23:a3:33:33

Permanent Hwaddr:00:0c:23:a3:33:33

State:        up

Link:         up

Mtu:          1500

Supported:    auto 10half 10full 100half 100full 1000full

Advertised:   auto 10half 10full 100half 100full 1000full

Speed:        1000full

Auto:         enabled

Rx packets:        59528

Rx bytes:          54453498

Rx compressed:     0

Rx dropped:        0

Rx errors:         0

  Rx Length err:     0

  Rx Buf overflow:   0

  Rx Crc err:        0

  Rx Frame err:      0

  Rx Fifo overrun:   0

  Rx Missed packets: 0

Tx packets:        42763

Tx bytes:          25593979

Tx compressed:     0

Tx dropped:        0

Tx errors:         0

  Tx Aborted err:    0

  Tx Carrier err:    0

  Tx Fifo overrun:   0

  Tx Heartbeat err:  0
```

```
Tx Window err:           0

Multicasts:              0

Collisions:              0
```

Ejemplo 9.4

```
FG-A (global) # get hardware nic port34

Description       :FortiASIC NP6 Adapter

Driver Name       :FortiASIC Unified NPU Driver

Name              :np6_0

PCI Slot          :0000:09:00.0

irq               :34

Board             :FGT1500D

SN                :FGXXXXXXXXXXX

Major ID          :3

Minor ID          :0

lif id            :17

lif oid           :147

netdev oid        :147

netdev flags      :1903

Current_HWaddr    00:09:0f:03:33:23

Permanent_HWaddr  70:3c:a2:03:33:33

phy name          :port34

bank_id           :1

phy_addr          :0x19

lane              :1

flags             :804006

sw_port           :2

sw_np_port        :14

vid_phy[6]        :[0x13][0x4d][0x00][0x00][0x00][0x00]
```

```
vid_fwd[6]        :[0x00][0x4c][0x00][0x00][0x00][0x00]

oid_fwd[6]        :[0x00][0xbd][0x00][0x00][0x00][0x00]

========== Link Status ==========

Admin             :up

netdev status     :up

autonego_setting:0

link_setting      :1

link_speed        :10000

link_duplex       :1

Speed             :10000

Duplex            :Full

link_status       :Up

rx_link_status    :0

int_phy_link      :0

local_fault       :0

local_warning     :0

remote_fault      :0

============ Counters ===========

rx_error          :20

rx_crc_error      :1

rx_carrier        :0

rx_oversize       :0

rx_undersize      :0

tx_collision      :0

Rx Pkts           :5227201254529

Rx Bytes          :3961535471816449

Tx Pkts           :5253408976817

Tx Bytes          :3883285272144822

Host Rx Pkts      :106620511735
```

```
Host Rx Bytes    :29022301200029

Host Rx dropped :0

Host Tx Pkts     :97712488169

Host Tx Bytes    :29776365795453

Host Tx dropped :0

sw_rx_pkts       :5227201292067

sw_rx_bytes        :3961535502780310

sw_tx_pkts       :5253409015022

sw_tx_bytes        :3883285304984801

sw_rx_mc_pkts    :8138073002

sw_rx_bc_pkts    :9955629691

sw_in_drop_pkts :0

sw_out_drop_pkts:0

sw_np_rx_pkts    :5253730241372

sw_np_rx_bytes   :3904722115300076

sw_np_tx_pkts    :5357700267394

sw_np_tx_bytes   :4141423522685514

sw_np_rx_mc_pkts:2124450

sw_np_rx_bc_pkts:603413846

sw_np_in_drop_pkts:8

sw_np_out_drop_pkts:0
```

9.3 Network Processor

Cuando tu modelo tiene mas procesadores de red (ASIC NP), debería saber qué puertos trabajan con qué NP. Hay que tratar de distribuir la carga de trabajo de la manera más equánime posible:

.

Ejemplo 9.5

```
FG-A (global) # get hardware npu np6 port-list
Chip   XAUI Ports           Max    Cross-chip
                            Speed  offloading
------ ---- -------         ------ ----------
np6_0  0    port1           1G     Yes
       0    port5           1G     Yes
       0    port17          1G     Yes
       0    port21          1G     Yes
       0    port33          10G    Yes
       1    port2           1G     Yes
       1    port6           1G     Yes
       1    port18          1G     Yes
       1    port22          1G     Yes
       1    port34          10G    Yes
       2    port3           1G     Yes
       2    port7           1G     Yes
       2    port19          1G     Yes
       2    port23          1G     Yes
       2    port35          10G    Yes
       3    port4           1G     Yes
       3    port8           1G     Yes
       3    port20          1G     Yes
       3    port24          1G     Yes
       3    port36          10G    Yes
------ ---- -------         ------ ----------
np6_1  0    port9           1G     Yes
       0    port13          1G     Yes
       0    port25          1G     Yes
```

```
    0     port29          1G    Yes

    0     port37          10G   Yes

    1     port10          1G    Yes

    1     port14          1G    Yes

    1     port26          1G    Yes

    1     port30          1G    Yes

    1     port38          10G   Yes

    2     port11          1G    Yes

    2     port15          1G    Yes

    2     port27          1G    Yes

    2     port31          1G    Yes

    2     port39          10G   Yes

    3     port12          1G    Yes

    3     port16          1G    Yes

    3     port28          1G    Yes

    3     port32          1G    Yes

    3     port40          10G   Yes

------ ---- -------      ----- ----------


FG-A (global) #
```

Los modelos 900d, 1000d y 1200d no tienen un *Switch Fabric* Integrado (SIF). No se puede definir un LAG (*Link Aggregation,* varias interfaces físicas en una lógica) seleccionando las interfaces asignadas a diferentes NPs. Sólo pueden crearse con interfaces que pertenezcan a la misma NP. Modelos anteriores tenían sólo un *Network Processor*, mientras que modelos superiores, como 1500d, tienen ISF que sí permiten definir LAGs con interfaces alojadas en distintas NPs.

9.4 Transceiver

Cuando tienes SPF/SPF+, usa el siguiente comando para comprobar la temperatura, voltaje, alarmas o avisos:

Ejemplo 9.6

```
FG-A (global) # get system interface transceiver
Interface port1 - Transceiver is not detected.
…
Interface port5 - SFP/SFP+
  Vendor Name   :           FINISAR CORP.
  Part No.      :       FTLF1328P3DAS
  Serial No.    :       XXXXXXX
Interface port6 - Transceiver is not detected.
Interface port8 - Transceiver is not detected.
…

                              Optical      Optical      Optical
SFP/SFP+    Temperature  Voltage   Tx Bias      Tx Power     Rx Power
Interface   (Celsius)    (Volts)   (mA)         (dBm)        (dBm)
----------- ------------ --------- ------------ ------------ ------------
port5       37.7         3.30      19.27        -5.5         -3.3
…
  ++ : high alarm, + : high warning, - : low warning, -- : low alarm, ? : suspect.


FG-A (global) #
```

9.5 System performance

El rendimiento del sistema debería ser monitorizado de vez en cuando para saber si alcanzamos alguna vez el límite, lo que haría que entrase en modo *conserve* para evitar daños en el equipo. El primer pantallazo pertenece a un Fortigate VM:

Ejemplo 9.7

```
FG-A # get system performance status

CPU states: 0% user 0% system 0% nice 100% idle 0% iowait 0% irq 0% softirq

CPU0 states: 0% user 0% system 0% nice 100% idle 0% iowait 0% irq 0% softirq

Memory: 1027572k total, 732380k used (71.3%), 181016k free (17.6%), 114176k freeable (11.1%)

Average network usage: 11 / 10 kbps in 1 minute, 16 / 45 kbps in 10 minutes, 9 / 22 kbps in
30 minutes

Average sessions: 26 sessions in 1 minute, 33 sessions in 10 minutes, 29 sessions in 30
minutes

Average session setup rate: 0 sessions per second in last 1 minute, 0 sessions per second in
last 10 minutes, 0 sessions per second in last 30 minutes

Virus caught: 0 total in 1 minute

IPS attacks blocked: 0 total in 1 minute

Uptime: 0 days,  5 hours,  16 minutes


FG-A #
```

Y ahora, uno del equipo físico:

Ejemplo 9.8

```
FG-A (global) # get system performance status

CPU states: 1% user 7% system 0% nice 92% idle 0% iowait 0% irq 0% softirq

CPU0 states: 0% user 0% system 0% nice 93% idle 0% iowait 7% irq 0% softirq

CPU1 states: 0% user 0% system 0% nice 100% idle 0% iowait 0% irq 0% softirq
```

```
CPU2 states: 0% user 2% system 0% nice 97% idle 0% iowait 0% irq 1% softirq

CPU3 states: 0% user 2% system 0% nice 98% idle 0% iowait 0% irq 0% softirq

CPU4 states: 0% user 1% system 0% nice 98% idle 0% iowait 0% irq 1% softirq

CPU5 states: 3% user 17% system 0% nice 80% idle 0% iowait 0% irq 0% softirq

CPU6 states: 4% user 25% system 0% nice 70% idle 0% iowait 0% irq 1% softirq

CPU7 states: 2% user 12% system 0% nice 86% idle 0% iowait 0% irq 0% softirq

CPU8 states: 0% user 2% system 0% nice 97% idle 0% iowait 0% irq 1% softirq

CPU9 states: 3% user 24% system 0% nice 73% idle 0% iowait 0% irq 0% softirq

CPU10 states: 4% user 3% system 0% nice 93% idle 0% iowait 0% irq 0% softirq

CPU11 states: 0% user 0% system 0% nice 100% idle 0% iowait 0% irq 0% softirq

Memory: 16449944k total, 3758816k used (22%), 12691128k free (78%), 40348k buffers

Average network usage: 2702214 / 2699634 kbps in 1 minute, 2723314 / 2720427 kbps in 10
minutes, 2740728 / 2737566 kbps in 30 minutes

Average sessions: 82596 sessions in 1 minute, 84890 sessions in 10 minutes, 83121 sessions
in 30 minutes

Average session setup rate: 1243 sessions per second in last 1 minute, 1397 sessions per
second in last 10 minutes, 1401 sessions per second in last 30 minutes

Average NPU sessions: 35194 sessions in last 1 minute, 35939 sessions in last 10 minutes,
36515 sessions in last 30 minutes

Average nTurbo sessions: 0 sessions in last 1 minute, 0 sessions in last 10 minutes, 0
sessions in last 30 minutes

Virus caught: 0 total in 1 minute

IPS attacks blocked: 0 total in 1 minute

Uptime: 49 days,  4 hours,  17 minutes


FG-A (global) #
```

9.6 Sys top

Si el uso de laCPU o de la memoria es demasiado alto, puedes verificar qué procesos están consumiendo demasiados recursos. El primer comando muestra de forma resumida el número de instancias del mismo proceso:

Ejemplo 9.9

```
FG-A # diagnose sys top-summary
  CPU [||||||||||||||||||||||||||||||||||||||||||||] 100.0%
  Mem [||||||||||||||||||||||||||||||||||||        ]  83.0%   833M/1003M
  Processes: 20 (running=1 sleeping=94)


  PID      RSS  ^CPU% MEM%    FDS     TIME+  NAME
* 138      7M    0.0  0.7     12  00:00.10  uploadd
  139     22M    0.0  2.3     52  00:02.54  miglogd [x2]  <- hay dos procesos abiertos
  140      6M    0.0  0.7      8  00:00.00  kmiglogd
  141     59M    0.0  5.9     22  00:27.40  httpsd [x5]
  143      7M    0.0  0.7      8  00:00.00  mingetty
  144      7M    0.0  0.7      8  00:00.00  mingetty
  145      7M    0.0  0.7     11  00:06.89  vmtoolsd
  146     10M    0.0  1.1     74  00:04.26  ipsmonitor [x2]
  147      7M    0.0  0.7     11  00:08.83  merged_daemons
  148      9M    0.0  0.9     15  00:00.10  fnbamd
  149      7M    0.0  0.7     12  00:00.15  fclicense
  150     26M    0.0  2.7     25  00:05.63  forticron
  151     10M    0.0  1.0     17  00:00.12  forticldd
  152      9M    0.0  1.0     41  00:00.70  authd
  153      9M    0.0  0.9     22  00:00.20  foauthd
  154      6M    0.0  0.7      9  00:00.00  httpclid
```

```
155    29M    0.0  3.0    15  00:00.70  reportd

156     8M    0.0  0.8    22  00:00.49  voipd

157     7M    0.0  0.7     8  00:00.00  getty

158    12M    0.0  1.2    15  00:01.30  updated

CPU [||              ]   6.6%

Mem [|||||||||||||||||||||||||||||||||||||||  ]   83.0%   834M/1003M

Processes: 20 (running=2 sleeping=93)
```

En el siguiente ejemplo podemos ver cada proceso de manera separada:

Ejemplo 9.10

```
FG-A # diagnose sys top

Run Time:  0 days, 5 hours and 16 minutes

0U, 0N, 0S, 100I, 0WA, 0HI, 0SI, 0ST; 1003T, 175F

          httpsd    2684    S    0.4    2.8

   zebos_launcher    125    S    0.4    0.7

        dnsproxy     165    S    0.0    7.2

         pyfcgid    2618    S    0.0    4.5

         pyfcgid    2617    S    0.0    4.5

         pyfcgid    2615    S    0.0    4.2

          httpsd     183    S    0.0    4.0  <- management access (GUI)

          httpsd     187    S    0.0    3.9  <- management access (GUI)

         cmdbsvr     118    S    0.0    3.0

         reportd     155    S    0.0    2.9

          newcli    2367    S    0.0    2.9

       forticron     150    S    0.0    2.6

         sslvpnd     463    S    0.0    2.5

         pyfcgid    2619    S    0.0    2.4

          httpsd     141    S    0.0    2.4
```

161

```
    miglogd      139     S      0.0      2.2

    cw_acd       168     R      0.0      2.2

    newcli      2645     S      0.0      2.0

    newcli      2712     R      0.0      1.8

    httpsd       182     S      0.0      1.5
```

9.7   Flash and disk

Los errores relacionados con la memoria *flash* y los de disco son los más peligrosos ya que pueden impactar a la estabilidad del sistema entero. Antes de que optes por reiniciar, verifica primero el estado de la *flash*. El mismo consejo va para cuando planeas actualizar el *firmware*. En caso de que tengas un clúster en redundancia (HA), comprueba todos los equipos:

Ejemplo 9.11

```
FG-A (global) # diagnose sys flash list

Partition   Image                                  TotalSize(KB)  Used(KB)  Use%  Active

1           FG1K5D-X.XX-FW-buildXXXX-17XXXX              253871     54724   22%  Yes

2           FG1K5D-HQIP-3.6.9-build2933                   63461     35041   55%  No

3           EXDB-1.00000                               30249764     46196    0%  No

Image build at Aug 26 2019 22:31:48 for bXXXX
```

En modelos con disco duro interno, puedes verificar los discos y las particiones:

Ejemplo 9.12

```
FG-A (global) # execute disk list
```

```
Disk HDD1          ref:  16 223.6GB    type: SSD [ATA SSDSC2BR123G7] dev: /dev/sdb

  partition ref:  17 220.1GB, 219.9GB free  mounted: Y  label: LOGUSEDXB49BC12A dev:
/dev/sdb1 start: 2048


Disk HDD2          ref:  32 223.6GB    type: SSD [ATA SSDSC2BR123G7] dev: /dev/sdc

  partition ref:  33 220.1GB, 219.9GB free  mounted: N  label: WANOPTXXAC737123 dev:
/dev/sdc1 start: 2048
```

Otro comando útil para verificar las particiones:

Ejemplo 9.13

```
FG-A (global) $ diag hardware deviceinfo disk


Disk Internal-0    ref: 259  29.8GB    type: SSD [ATA 32GB SATA Flash] dev: /dev/sda

  partition ref:   1 247.0MB, 194.0MB free  mounted: Y  label:  dev: /dev/sda1 start: 1

  partition ref:   2 256.0MB, 256.0MB free  mounted: N  label:  dev: /dev/sda2 start: 524289

  partition ref:   3  28.8GB,  28.8GB free  mounted: Y  label:  dev: /dev/sda3 start:
1048577


Disk HDD1          ref:  16 223.6GB    type: SSD [ATA SSDSC2BR123G7] dev: /dev/sdb

  partition ref:  17 220.1GB, 219.7GB free  mounted: Y  label: LOGUSEDXFA949123 dev:
/dev/sdb1 start: 2048


Disk HDD2          ref:  32 223.6GB    type: SSD [ATA SSDSC1BR24123] dev: /dev/sdc

  partition ref:  33 220.1GB, 219.9GB free  mounted: N  label: WANOPTXXBB000123 dev:
/dev/sdc1 start: 2048


Total available disks: 3

Max SSD disks: 2  Available storage disks: 2


FG-A (global)
```

10 Otros – sin categoría

En este ultimo capítulo, voy a presentar diferentes comandos útiles que no se adscriben a ninguna de las categorías que hemos ido viendo durante el libro:

10.1 ARP

Podemos verificar la tabla ARP en un equipo que se encuentre en modo NAT:

Ejemplo 10.1

```
FG-A # get system arp

Address           Age(min)    Hardware Addr        Interface

7.2.3.10          0           00:0c:29:0f:12:4d port3

7.2.3.20          0           00:0c:29:74:c6:12 port3

172.16.1.254      0           00:0c:29:3f:12:75 port1

172.16.2.254      0           00:0c:29:3f:20:7f port2


FG-A #
```

Si se necesitan más detalles, tales como las actualizaciones ARP, etc., puedes ejecutar el comando **diagnose ip arp list** :

Ejemplo 10.2

```
FG-A # diagnose ip arp list

index=5 ifname=port3 7.2.3.10 00:0c:29:0f:12:4d state=00000002 use=12 confirm=9 update=50704
ref=4

index=5 ifname=port3 7.2.3.20 00:0c:29:74:c6:12 state=00000004 use=916 confirm=3639
update=361 ref=2
```

```
index=13 ifname=root 0.0.0.0 00:00:00:00:00:00 state=00000040 use=48467 confirm=48467
update=49502 ref=1

index=3 ifname=port1 172.16.1.254 00:0c:29:3f:12:75 state=00000004 use=919 confirm=4844
update=409 ref=12

index=4 ifname=port2 172.16.2.254 00:0c:29:3f:20:7f state=00000002 use=24 confirm=643
update=12 ref=3


FG-A #
```

10.2 LAG

La *agregación* de enlaces es una opción recomendada en entornos de alta disponibilidad. Es una buena práctica revisar siempre la configuración y el estado de los LAG.

El comando **diagnose netlink aggregate** tiene varias opciones que nos puede interesar, por ejemplo, *'list'* muestra todos los LAGs definidos en el sistema, junto con el estado, algoritmos y modos:

Ejemplo 10.3

```
FG-A (CUSTOMERA) # diagnose netlink aggregate list

List of 802.3ad link aggregation interfaces:

 1   name ae1            status up      algorithm L4  lacp-mode active

 2   name ae2            status up      algorithm L4  lacp-mode active


FG-A (CUSTOMERA) #
```

Cuando necesitas información específica sobre una interfaz LAG, recomendamos el uso del comando puesto a continuación, ya que da multitud de detalles sobre cada miembro:

Ejemplo 10.4

```
FG-A (CUSTOMERA) # diagnose netlink aggregate name ae1

LACP flags: (A|P)(S|F)(A|I)(I|O)(E|D)(E|D)

(A|P) - LACP mode is Active or Passive

(S|F) - LACP speed is Slow or Fast

(A|I) - Aggregatable or Individual

(I|O) - Port In sync or Out of sync

(E|D) - Frame collection is Enabled or Disabled

(E|D) - Frame distribution is Enabled or Disabled


status: up

npu: y

flush: n

asic helper: y <- sólo modelos con ASICs

oid: 147

ports: 2

link-up-delay: 50ms

min-links: 1

ha: master

distribution algorithm: L4

LACP mode: active

LACP speed: slow

LACP HA: enable

aggregator ID: 4

actor key: 33

actor MAC address: 70:4c:a8:78:12:8c

partner key: 32776

partner MAC address: 00:23:04:11:22:33
```

```
slave: port13

  link status: up

  link failure count: 7

  permanent MAC addr: 70:4c:a5:33:22:11

  LACP state: established

  actor state: ASAIEE

  actor port number/key/priority: 1 33 255

  partner state: ASAIEE

  partner port number/key/priority: 16674 32776 32768

  partner system: 0 00:23:04:ee:be:01

  aggregator ID: 4

  speed/duplex: 10000 1

  RX state: CURRENT 6

  MUX state: COLLECTING_DISTRIBUTING 4


slave: port14

  link status: up

  link failure count: 8

  permanent MAC addr: 70:4c:a5:11:22:33

  LACP state: established

  actor state: ASAIEE

  actor port number/key/priority: 2 33 255

  partner state: ASAIEE

  partner port number/key/priority: 290 32776 32768

  partner system: 0 00:23:04:33:22:11

  aggregator ID: 4

  speed/duplex: 10000 1

  RX state: CURRENT 6

  MUX state: COLLECTING_DISTRIBUTING 4
```

10.3 Configuration Management Database (CMDB)

Si un objeto está en uso, entonces no se puede eliminar o modificar. Un buen ejemplo es el de una interfaz que debe ser agregada como miembro a un LAG. Desde la interfaz gráfica, GUI, puedes mirar al listado de las interfaces y ver dónde está siendo utilizada. Desde la línea de comandos, podemos observar las dependencias de la siguiente manera:

Ejemplo 10.5

```
FG-A # diagnose sys cmdb refcnt show system.interface.name port3

entry used by table system.dns-server:name 'port3'

entry used by child table srcintf:name 'port3' of table firewall.policy:policyid '1'

entry used by child table dstintf:name 'port3' of table firewall.policy:policyid '2'

entry used by table firewall.local-in-policy:policyid '1'

entry used by child table input-device:name 'port3' of table router.policy:seq-num '1'


FG-A #
```

10.4 Grep

El archivo de configuración de Fortigate a veces puede ser demasiado extenso. El uso del comando grep con el parámetro –f nos muestra solo la parte más relevante en la que estamos interesados:

Ejemplo 10.6

```
FG-A # show | grep -f LOC-WIN

config firewall address

    edit "LOC-WIN" <---

        set subnet 7.2.3.10 255.255.255.255
```

```
        next
end
config firewall local-in-policy
    edit 1
        set intf "port7"
        set srcaddr "LOC-WIN" <---
        set dstaddr "all"
        set service "TELNET"
        set schedule "always"
    next
end
config router policy
    edit 1
        set input-device "port7"
        set srcaddr "LOC-WIN" <---
        set dst "8.8.8.8/255.255.255.255"
        set protocol 6
        set gateway 8.8.8.8
        set output-device "port22"
    next
end

FG-A #
```

10.5 Crashlog

Crashlog es un tipo de *log* con información sobre procesos que han sido terminados o inestables o si el sistema ha entrado en modo 'seguro'. Aquí un ejemplo con un error I/O (*input / output*) en sda1:

Ejemplo 10.7

```
FG-A (global) $ diagnose debug crashlog read
1: 2020-02-02 07:10:58 EXT2-fs (sda1): previous I/O error to superblock detected
2: 2020-02-02 07:11:04 EXT2-fs (sda1): previous I/O error to superblock detected
3: 2020-02-02 07:11:10 EXT2-fs (sda1): previous I/O error to superblock detected
4: 2020-02-02 07:11:16 EXT2-fs (sda1): previous I/O error to superblock detected
5: 2020-02-02 07:11:22 EXT2-fs (sda1): previous I/O error to superblock detected
```

Un ejemplo de cuando el sistema entra en modo *conserve*:

Ejemplo 10.8

```
2020-02-17 11:21:57 pages" red="39320 pages" msg="Kernel enters conserve mode"
2020-02-17 11:22:00 logdesc="Kernel leaves conserve mode" service=kernel conserve=exit
2020-02-17 11:22:00 free="108337 pages" green="58980 pages" msg="Kernel leaves conserve
mode"
2020-02-17 11:22:08 logdesc="Kernel enters conserve mode" service=kernel conserve=on
free="38419
```

10.6 TAC

A veces no tendremos más remedio que abrir un TAC con Fortinet. Se nos puede pedir el *output* de varios comandos, principalmente el **execute tac report** . He optado por no ponerlo ya que es demasiado largo, pero recomiendo, si es el caso, analizarlo y ver qué detalles podemos encontrar. Habrá partes que no entendamos, pero que serán de utilidad para los ingenieros TAC.

Ejemplo 10.8

```
execute tac report
```

11 Índice

D

diag hardware deviceinfo disk, 152
diagnose debug application hasync, 126
diagnose debug application hatalk, 126
diagnose debug application ike, 57
diagnose debug application ipsengine, 54
diagnose debug application scanunit, 51
diagnose debug application sslvpn, 81
diagnose debug application urlfilter, 48
diagnose debug console timestamp enable, 126
diagnose debug crashlog read, 160
diagnose debug flow, 21, 85
diagnose debug urlfilter, 47
diagnose firewall ippool-all stats, 29
diagnose firewall proute list, 93
diagnose firewall vip realserver healthcheck stats show, 131, 133
diagnose firewall vip realserver list, 132, 134
diagnose ip arp list, 154
diagnose ip router bgp, 113
diagnose ip router ospf, 105
diagnose netlink aggregate list, 155
diagnose netlink aggregate name, 155
diagnose sniffer packet, 16
diagnose sys cmdb refcnt show system.interface.name, 158
diagnose sys flash list, 151
diagnose sys ha checksum show, 124
diagnose sys ha dump-by group, 125
diagnose sys link-monitor status, 94
diagnose sys session filter, 15
diagnose sys session list, 13
diagnose sys top, 150
diagnose sys top-summary, 149
diagnose test application ipsmonitor, 55
diagnose vpn ike gateway list, 63
diagnose vpn tunnel list, 64

E

execute disk list, 152
execute log display, 138
execute log filter category, 138
execute router clear bgp all, 116
execute tac report, 160

G

get firewall ldb-monitor, 131
get hardware nic, 140
get hardware npu np6 port-list, 144
get hardware status, 139
get router info bgp network, 113
get router info bgp summary, 113
get router info ospf database brief, 100
get router info ospf database router lsa, 100
get router info ospf interface, 101
get router info ospf neighbor all, 98
get router info ospf neighbor detail all, 99
get router info ospf route, 102
get router info ospf status, 98
get router info protocols, 97
get router info routing-table all, 88
get router info routing-table bgp, 113
get router info routing-table database, 89
get router info vrrp, 127
get system admin list, 136
get system arp, 154
get system ha status, 123
get system interface transceiver, 146
get system performance status, 147
get system session list, 12
get system status, 122
get vpn ike gateway, 67
get vpn ipsec stats crypto, 68

get vpn ipsec tunnel details, 66
get vpn ipsec tunnel summary, 69

S

sh firewall vip, 32
show | grep -f, 158

show firewall central-snat-map, 37
show firewall local-in-policy, 137